中公新書 2651

山本健太郎著

政界再編

離合集散の30年から何を学ぶか

中央公論新社刊

まえがき

年末の永田町で、毎年のように繰り広げられる光景がある。新党の結成と、それにともなう政党の分裂だ。その様子は、さながら年末の風物詩ともなっている感がある。

なぜ年末なのか。その理由は、カネである。政党助成法の定めにより、国会に議席を持つ政党には、国から総額で年に約三〇〇億円が配られる。政党ごとの受け取り額は、毎年一月一日現在の所属議員数と直近の国政選挙での得票率に応じて決まる。基準日を見据えて、年末年始に新党の結成が相次ぐ理由がここにある。

そうまでして得たカネを、政党は何に使うのだろうか。政党が最もカネを必要とする場面は、選挙にほかならない。選挙にはカネがかかる。政党は、公認候補に公認料や活動費を配っている。大政党ともなれば、衆参合わせて数百人の候補者を抱えるため、出ていくカネも桁違いである。一定数の国会議員が所属してさえいれば、毎年コンスタントに億単位の収入が得られる政党交付金は、ノドから手が出るほど欲しいわけだ。

カネ目当て、ひいては選挙目当ての新党結成となれば、いかにも利己的で、内向きの論理に基づく行動にみえる。

しかし、少し冷静になると、政治家が選挙やカネのことを一切考えず、所属する政党を決めることはまずありえない。政治家は「選挙に落ちれば、ただの人」といわれる。選挙に勝たないと何もできないのだから、是が非でも勝たねばならない。では、選挙に勝つにはどうすればよいのだろうか。

現行の日本の選挙制度のもとでは、選挙運動に制限が多い無所属で選挙を戦うより、政党に所属する方が有利である。また、特に衆議院の小選挙区と参議院の一人区はその傾向が顕著だが、小政党より大政党から立候補した方が、当選の可能性は高まる。だから、小さな政党は、別の政党と合併するなどして、より規模の大きな政党になろうとする。選挙に勝つために、やむなく他の政党と行動をともにせざるをえないのである。

他方、政党の目的は政治家を選挙に勝たせることだけではない。政党は、多くの議員を国会に送り込み、望ましいと考える政策を実現するために存在している。にもかかわらず、選挙に勝つことを優先するあまり、異なる政策志向を持った議員同士が、その違いに目をつぶって新党を作れば、本末転倒になる。政策がバラバラだから、分裂の火種が党内に燻《くすぶ》る。

野党のうちは政権交代という共通目標があるが、政権をひとたび獲得してしまえば、この火種が露わにならざるをえない。

選挙のためには大政党であることが望ましいが、そのために合併を繰り返すと政策が曖昧《あいまい》になってしまう。この選挙と政策をめぐるジレンマは、何も政治家が自分勝手だから起きるのではなく、否応なくそうなってしまうという制度的要請によるところが大きい。この結果、日本では政党の離合集散が相次ぐことで政界再編が起こり、今も続いているのである。

ここで容易に想起されるのは、民主党政権（二〇〇九年九月〜一二年一二月）の失敗である。民主党政権が短命に終わった主たる要因に、激しい党内対立がある。民主党は、選挙に勝ち、政権を獲得するには大政党でなければならないという制度的要請に、とことん応えて生き延びてきた。しかし、ひとたび政権をとると、党内に多様な政策志向の議員を抱える矛盾が噴き出し、分裂に至った。その意味で、民主党政権の失敗は、政界再編の帰結にほかならない。

政党の誕生と分裂が繰り返される政界再編では、選挙のための大同団結の必要性と党内の路線対立の激化というジレンマにどう折り合いをつけるかがポイントになってきた。本書では、このジレンマを軸に、政界再編の歴史を振り返る。これにより、今後、政界再編が起こらんとするとき、新党がどのような形で結成されるのか、結党の際に留意すべき点は何かなど、再編を観察するうえでの座標軸を得られると期待される。

序章では、一九九三年以前の政治状況について振り返る。日本では、五五年体制のもとで自民党の長期政権が長らく続いたが、その間にも部分的な再編がみられた。しかし、それは政界再編期に比べて格段に穏やかなものにとどまった。

第1章では、激動の政界再編のきっかけになった一九九三年の自民党分裂の背景を明らかにする。さらに、その帰結として成就した政治改革の意義について述べる。

第2章では、政治改革の結果、衆議院の選挙制度が変更され、政党の大規模化が要請されるようになるが、その最初の試みとなった新進党を取り上げる。同党はわずか三年で解党されるが、その背景には小沢一郎《いちろう》の政治手法への反発と軌を一にした党内の路線対立があった。

第3章では、新進党に代わって最大野党の座についた民主党について述べる。民主党は、一九九八年に最大野党の地位に躍り出ると、二〇〇三年には自由党を吸収して非自民系政党の一本化に事実上成功し、日本は自民・公明両党と民主党という二大勢力の時代に突入する。

第4章では、小泉純一郎《じゅんいちろう》内閣の後を受け継いだ第一次安倍晋三《しんぞう》内閣以降の自民党の凋落《ちょうらく》と、民主党政権発足までのプロセスを描く。

第5章と第6章では、民主党政権の時代を取り上げる。政治改革の成就から一五年、晴れて政権を奪取した民主党だったが、その政権は混乱の連続だった。第5章では東日本大震災以前を、第6章では震災以後の民主党政権について、最終的に分裂にまで至った党内対立に着目しながら論じる。

第7章は、自民党の政権復帰後、多弱状態に陥った野党の動きを観察する。そこでは、主役が民主党から第三極に移るが、民主党政権の負の記憶が重しになって再編が停滞するさまが描かれる。

第8章では、新たな有力野党に躍り出るかと思われた希望の党の瞬間最大風速的な騒動を振り返り、政界再々編に横たわる困難な道筋について考察し、今後の展開を展望する。

終章では、本書のまとめとして、政界再編の歴史を振り返ることで明らかになった政党の離合集散のタイミングや条件について説明する。また、左右のイデオロギー軸で政界再編史を振り返ると、中道をめぐる争いと、左翼側における第三勢力の存在の有無が非自民政党にとって重要な意味を持っていることを指摘する。

政界再編は、日本政治の古くて新しいテーマである。五五年体制の崩壊から四半世紀余り経つが、いまだに収束する気配はみえない。それどころか、「自民一強」政治のもとで、対抗する野党勢力の弱化は、切実な政治課題の一つとなっている。このまま、五五年体制のような自民党の長期政権時代が到来するのか、それとも再び政権交代が起こる環境が整うのか。

新たな岐路に差し掛かっている日本政治の今後を見通すうえで、本書がその一助となれば幸いである。

目次

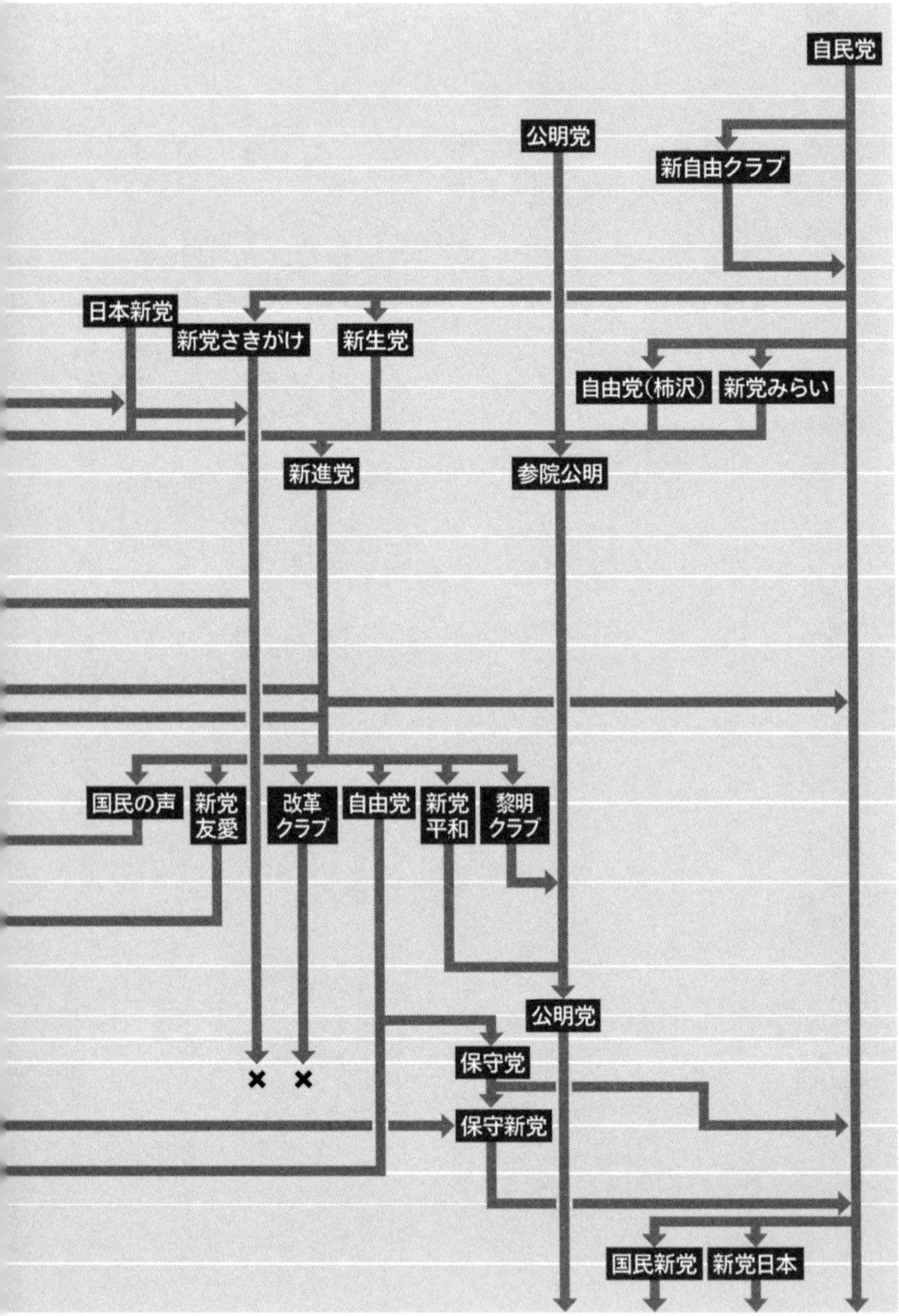

自民党
公明党
新自由クラブ
日本新党
新党さきがけ
新生党
自由党（柿沢）
新党みらい
新進党
参院公明
国民の声
新党友愛
改革クラブ
自由党
新党平和
黎明クラブ
公明党
保守党
保守新党
国民新党
新党日本

政党変遷図

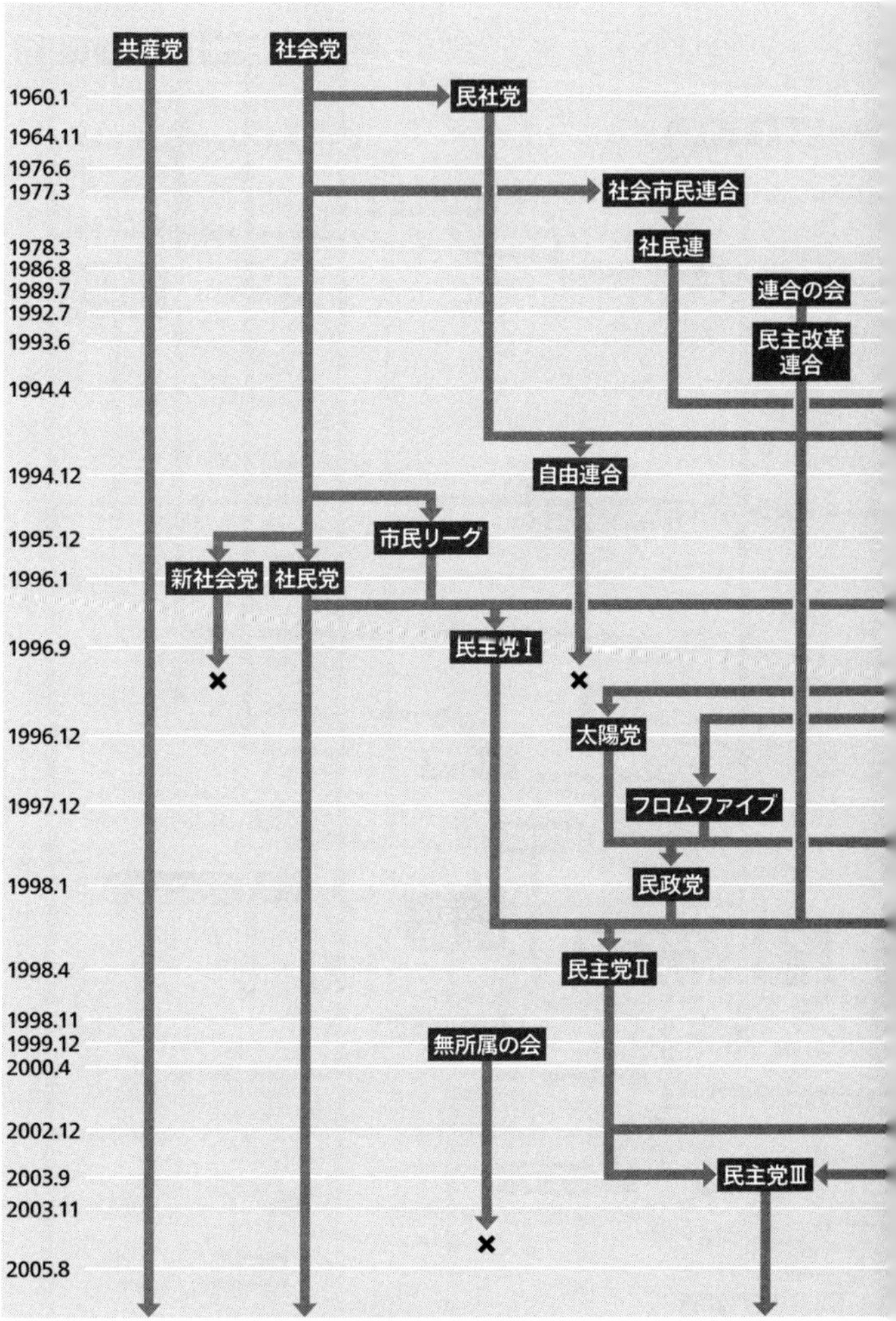

注：原則として、1994 年以降については公職選挙法上の政党要件充足／未充足のタイミングで記載している。短期間の政党要件喪失／回復は反映していない場合がある。
出典：山本（2010、2015）、佐藤（2019）を参考に、筆者作成

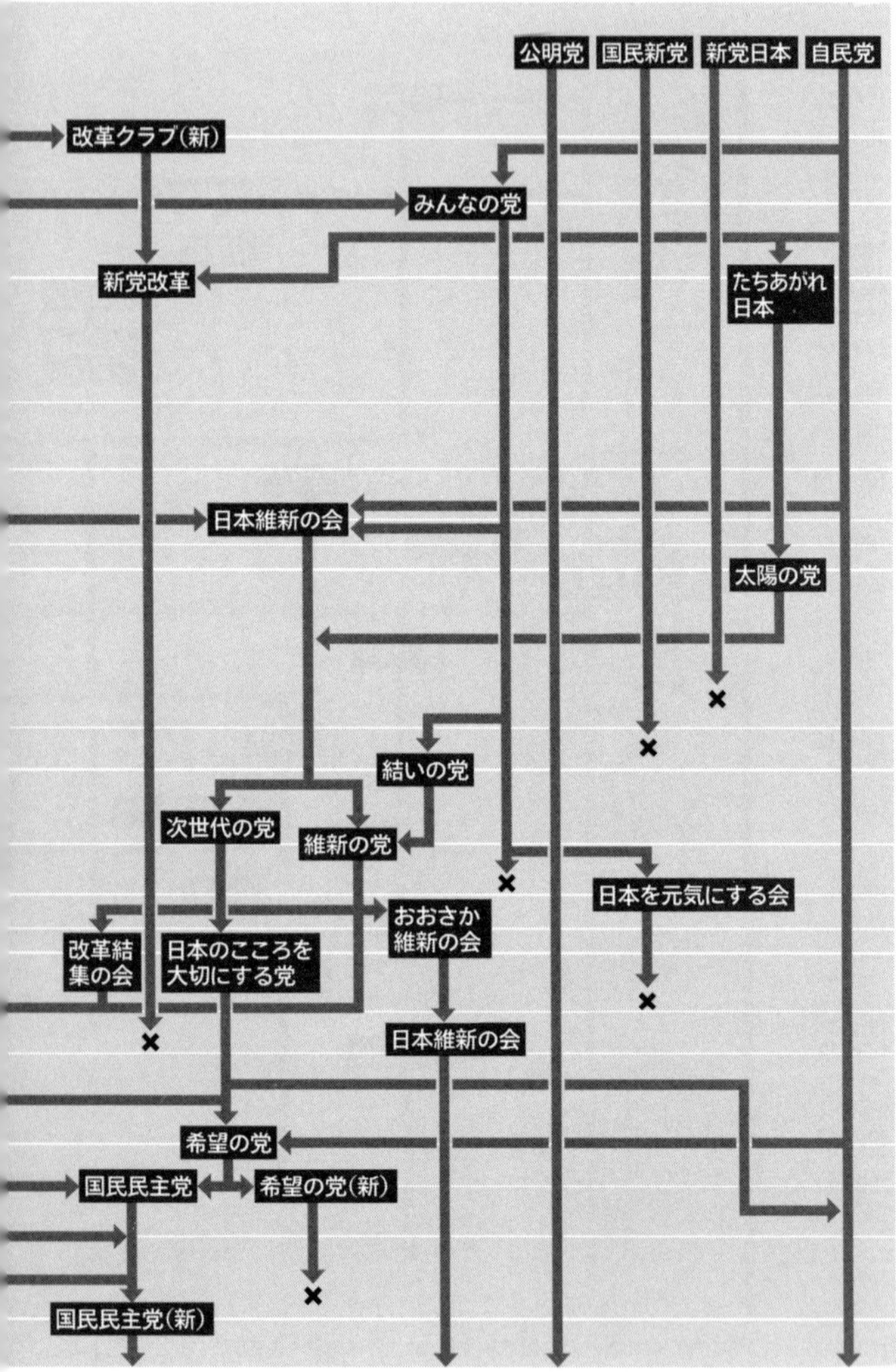

公明党
国民新党
新党日本
自民党
改革クラブ(新)
みんなの党
新党改革
たちあがれ日本
日本維新の会
太陽の党
結いの党
次世代の党
維新の党
日本を元気にする会
おおさか維新の会
改革結集の会
日本のこころを大切にする党
日本維新の会
希望の党
国民民主党
希望の党(新)
国民民主党(新)

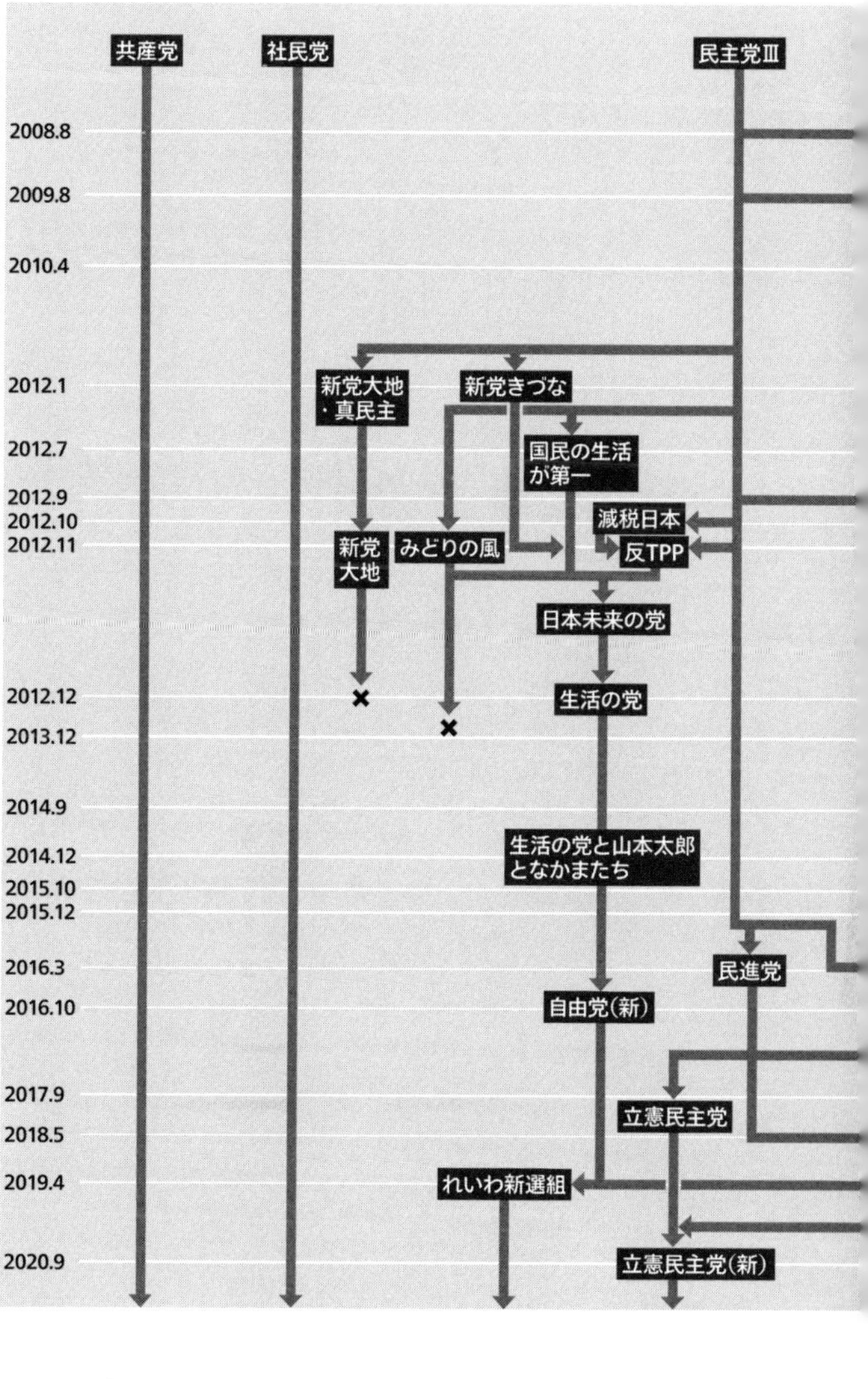
共産党
社民党
民主党Ⅲ
2008.8
2009.8
2010.4
2012.1
2012.7
2012.9
2012.10
2012.11
2012.12
2013.12
2014.9
2014.12
2015.10
2015.12
2016.3
2016.10
2017.9
2018.5
2019.4
2020.9
新党大地・真民主
新党きづな
国民の生活が第一
減税日本
反TPP
新党大地
みどりの風
日本未来の党
生活の党
生活の党と山本太郎となかまたち
民進党
自由党(新)
立憲民主党
れいわ新選組
立憲民主党(新)

政界再編

離合集散の30年から何を学ぶか

序章　政界再編前史――1955～1988年

1　保革合同と五五年体制

「一と二分の一」政党システム

一九五五年の保革合同によってそれぞれ誕生した、保守陣営の自民党と革新陣営の社会党が対峙する体制を、五五年体制と呼ぶ。五五年体制は、一九六〇年の安保再改定の頃までは多少なりとも政権交代の緊張をはらむ形で進行したが、岸信介《のぶすけ》内閣の後を継いだ池田勇人《はやと》内閣が経済最優先に舵《かじ》を切ると、様相が一変する。

高度成長の波に乗り、自民党が社会の包括的な利益を代弁して幅広く支持を集める一方、社会党は革新のイデオロギーに拘泥して支持を広げられなかった。社会党は早くも一九五八年の衆議院総選挙を最後に、過半数を超える候補者を擁立することを諦め、自民党の一党優位が事実上保証されることになった。

政権交代の可能性がないまま、自民党の単独政権が安定的に持続しつつ、最大野党の社会党もその地位を脅かされることがない五五年体制下の政党システムを、二大政党制と区別して「一と二分の一」政党システムと呼ぶことがある。こうした五五年体制の特徴は、何といっても長期にわたる安定性にある。一九九三年六月に分裂して下野するまで、自民党は結党から三八年もの長期にわたって政権の座を維持し続けた。世界の議会制民主主義国を見渡しても、自由で公正な選挙を続けつつ、三八年間も政権与党が代わらないというのは、まれな事態である。

五五年体制の長期にわたる安定した政党システムと、その後に来る政界再編期の流動的な政党システムの対照性は、政界再編の意義を考えるうえで興味深い。しかし、再編期に比べて相対的に安定していたようにみえる五五年体制においても、全く動きがないわけではなかった。野党では社会党の分裂や公明党の参入があり、自民党も分裂に見舞われる時期があった。本章では、政界再編の前史として、五五年体制における政党の分裂を観察していく。

第二次世界大戦後、一九五五年の保革合同までの間は、保革それぞれの陣営で合従連衡が繰り返された。

一九五四年一一月には、第五次吉田茂《しげる》内閣下で、吉田率いる自由党から分裂した反吉田派と改進党などが合体し、鳩山一郎を代表とする日本民主党が結成されて保守系の二党が並立した。年末に吉田が退陣して第一次鳩山内閣が誕生するが、第五次吉田内閣も含め、少数与党のため政権基盤が安定しなかった。

他方、革新陣営でも、もともとは一つの政党であった社会党が、一九五一年にサンフランシスコ講和条約の批准と日米安保条約の締結をめぐり、右派社会党と左派社会党の二党に分裂した。しかし、第一次鳩山内閣の誕生を受け、鳩山人気の高さから、左右社会党に合同の機運が高まる。一九五五年一月には、左右社会党がそれぞれ「社会党統一実現に関する決議」を採択し、一〇月一三日には社会党が再統一を果たした。

これを受け、保守側でも合同を求める声が高まり、一一月一五日に自由党と民主党が合併する形で自由民主党が結成され、ここに保革合同が完成した（石川・山口、二〇一〇）。

民社党と公明党の誕生

自民党と社会党は、ともに党内に対立を抱えたまま大同団結を果たしただけに、当初はまとまりを保てるかどうか不透明であった。だが、合同後わずか四年の一九五九年に民社党が、一九七七年にも社会市民連合（のちの社民連）が分裂した社会党に対し、自民党は目立った分裂を経験することはなかった。

社会党の最初の分裂は、合同前の右派社会党と左派社会党の対立が解けなかったことに源流がある。もともとは一つの政党だった社会党が右派と左派に分裂したのは、サンフランシスコ講和条約と日米安保条約の承認をめぐる対立がきっかけであった。少なくとも当分の間、日米安保体制の継続を容認する右派に対し、左派は即時撤廃を主張した。一九六〇年に安保条約の改定を控え、この対立が再燃するのはある意味で必定だった。

一九五九年九月には、党内で左派の影響力が次第に強まるなか、右派の西尾末広《すえひろ》を除名するという騒動に発展した。西尾派の議員たちがこれに対抗して社会党を離党し、一九六〇年一月二四日には「民主社会党（以下、民社党）」を結成した。衆院で四〇名に及ぶ議員が民社党に移動したことで（石川・山口、前掲書）、社会党はこの後、一九六〇年以降の総選挙で一度も過半数を超える候補者を擁立できなくなり、五五年体制下での選挙による社会党への政権交代の可能性はほぼなくなった。社会党は、右派の離脱によって政策面でも左派色をさらに強めていく。

一九六四年一一月一七日には、宗教団体の創価学会を母体とした公明党が設立される。創価学会は、一九五五年の統一地方選を皮切りに、一九五六年の参院選から国政にも挑戦していたが、公明党結党後の一九六七年にははじめて総選挙に挑戦し、二五議席を得た。

政策面で公明党は、現場主義に基づく現実的主張を展開し、自社両党に代表される既成政党を批判しつつ、クリーンでイデオロギーに左右されない中道路線を追求した（薬師寺、二〇一六）。保守の自民党、革新の社会党が幅を利かせる五五年体制で、民社党と公明党は、中道寄りのスタンスによる独自性を発揮しようとした。だが、民社党は労組の、公明党は創価学会の影響力が強く、広く支持母体以外に受け入れられる政党にはなりえなかった。

2　金権政治批判の高まり

ロッキード事件

五五年体制の発足以降、社会党が分裂を経験し、中道の公明党が新規参入するなど、野党側で部分的に新たな動きがみられる反面、与党の自民党はしばらくまとまりを保った。

しかし、その自民党でも分裂の動きが起こる。一九七六年には、一年余り前に自身をめぐる金脈問題で首相を辞任した田中角栄《かくえい》に対し、新たな疑惑が発覚する。いわゆるロッキード事件である。一九七六年二月のアメリカ上院の公聴会で、航空機メーカーのロッキード社が同社航空機を全日空に売り込むため、日本政府高官に賄賂を渡したという証言が飛び出す。

これを受け、三木武夫《たけお》首相は捜査を指示し、七月には東京地検特捜部が田中を逮捕する。前首相の逮捕に発展した前代未聞の事態に対し、カネに塗《まみ》れた政治への批判が世論の間に巻き起こった。

こうしたなか、自民党の一部若手議員からは、金権政治が横行する党を刷新すべきとの主張が高まりをみせ、河野洋平《こうのようへい》ら衆院議員五名と参院議員一名が自民党を集団で離党し、六月二五日に「新自由クラブ」を結成した。

新自由クラブ

新自由クラブは、結党半年後の一九七六年一二月の総選挙で一七議席まで議席を伸ばし、自民党に不満を持つ保守層に食い込みをみせた。しかし、一九七九年には、路線対立が表面化する。中道政党との関係強化を目指す河野代表と、それに反対する西岡武夫《たけお》幹事長が対立して、西岡らが新自由クラブを離党したのである。

新自由クラブは、西岡離党後の一九七九年総選挙で四議席と大幅に議席を減らし、直後の首相指名選挙で大平正芳《まさよし》自民党総裁に投票した。総選挙で自民党は不振に終わり、保守系無所属候補の追加公認でかろうじて過半数を維持する状態であった。そこで大平首相は一時、新自由クラブとの連立を目指すと表明したが（『朝日新聞』一九七九年一一月一〇日付夕刊）、これは実を結ばず、河野は総選挙敗北の責任をとって代表を辞任、田川誠一《せいいち》が後任となった。この際、総選挙の敗北と連立入りの騒動で新自由クラブからの離党者が相次ぎ、党内に動揺が広がる形になった。

一九八三年の総選挙で自民党が過半数割れを起こした際には、八議席に終わった新自由クラブは自民党と連立政権を結成した。党勢の低迷が続き、ついに自民党との連携に正式に踏み出した形になったが、これは五五年体制の三八年間で唯一自民党の単独政権が崩れたケースである。だが、一九八六年総選挙で自民党が大勝を収めたことで、連立の必要がなくなる。新自由クラブは解党して河野代表をはじめとする所属議員の大半が自民党に復党し、自民党は再び単独政権となった。

自民党と新自由クラブの連立政権は三年足らずと短く、パートナーは自民党から分裂した小規模政党の新自由クラブで、その大半が自民党に復党したことを考慮すると、五五年体制はその骨格において維持されていたと考えるのが妥当である。

社民連

他方、社会党でも新たな路線対立が起きた。右派を民社党に切り離した社会党では、一九六〇年代半ばに「日本における社会主義への道（以下、道）」という党の綱領的文書を採択し、マルクス・レーニン主義に基づく平和革命路線を推し進めることとした。これにより、左派イデオロギー色が前面に押し出された社会党には、それに共鳴するもの以外への支持の広がりがみられなくなった（森、二〇〇一）。

この問題意識を行動で示そうとしたのが江田三郎《えださぶろう》だった。一九六九年総選挙で大敗した社会党にあって、書記長（自民党でいう幹事長にあたる）の江田は「道」のイデオロギーとの決別と公明党や民社党との連携を訴えたが、社会主義協会などその維持を主張する党内の集団に阻まれて実現はかなわなかった。一九七七年二月の党大会で、自身に対して左派による徹底した攻撃が行われたことで、江田は三月に社会党を離党し、「社会市民連合」を結成した。江田は離党後の五月に急死するが、九月の社会党大会での党内対立をきっかけに党を離れた田英夫《でんひでお》らが社会市民連合に合流し、翌一九七八年三月二六日には「社会民主連合（以下、社民連）」となった。

元来、「左派のなかの右派」とでもいうべき江田が離党したことで、社会党の左傾化はより強まり、社会党の「道」との決別は石橋政嗣《まさし》委員長時代の一九八六年まで待たなければならなかった。

参院のミニ新党

五五年体制では、自民党と社会党という大政党からの分裂以外に、主として参院で新規に参入して議席を獲得する、いわゆる「ミニ新党」が散見された。

一九八三年の参院選から、全国区制が廃止され、全国を一つのブロックとする比例代表制が導入されたことを契機に、ミニ新党の参入が相次いだ。元来、参院の無所属議員が集っていた会派「第二院クラブ」も、この選挙から政党として公認候補を擁立するようになり、一議席を獲得した。この選挙ではほかにも、源泉徴収の廃止を訴えたサラリーマン新党が二議席、税金党、福祉党がそれぞれ一議席を得た。このうち、福祉党を結成した八代英太は、一九八四年に自民党に入党した。

一九八六年にも、税金党、サラリーマン新党、第二院クラブが各一議席、一九八九年には税金党二議席、第二院クラブとスポーツ平和党が各一議席、一九九二年には第二院クラブとスポーツ平和党が各一議席を獲得した。

ミニ新党は、無所属議員が新たに結成するか、完全に外部の人間によって結成され、新規参入を狙うパターンの二種類があったが、前者の場合個人商店となる傾向があった。また、いずれのタイプのミニ新党も、その名の通り数名の当選者を出す小規模政党であり、総じて政党システム全般に与える影響は小さかった。

3　五五年体制下の再編

小規模な再編

以上のように、五五年体制下でも政党の分裂や新規参入は散見された。結党以来、単独政権を続けた自民党は、一九八三年総選挙で過半数割れした際に新自由クラブとの連立政権を余儀なくされたし、公明党が参入したり、社会党から民社党や社民連が分裂するなどして野党の多党化も進行した。しかし、これが一九九〇年代以降のように大規模な政界再編にまでつながらなかったのは、分裂や新規参入の規模の問題に加え、一つの動きがその後の別の動きへと連鎖しなかったことに主たる要因がある。

一般に、新自由クラブや社民連のように、小規模の分裂であれば政党間の競争の構図全般に与える影響は相対的に小さい。だが、小規模であっても過半数を制している連立与党（あるいは単一の政党）を過半数割れに追い込むような分裂の場合、政権の交代や競争の構図の変化につながる可能性がある。

その意味では、野党である社会党からの分裂はもとより、新自由クラブの分裂も自民党の過半数割れにはつながらず、政党システム全体を決定的に動揺させるだけのインパクトを持ちえなかった。結果、政党の分裂は周縁的あるいは部分的な現象にとどまったと考えられる。

中選挙区制の影響

では、そもそも五五年体制下で政党の分裂が大規模に促進されなかったのはなぜなのだろうか。その一つの答えは、選挙制度に求めることができる。五五年体制は、中選挙区制という衆議院の選挙制度と切っても切れない関係にある。一つの選挙区から当選する人数がおおむね三から五人で、有権者は一人の候補者のみを選んで票を投じるというのが中選挙区制である。現行の参院選の複数人区も、中選挙区制に含まれる。

中選挙区制は一つの選挙区から三〜五人の当選者が出るから、当選するために必要な票数は少なくても構わない。そのため、自民党の公認が得られなくとも、派閥の支援がバックにあれば無所属であっても選挙に挑戦する者が後を絶たなかった（中選挙区制と派閥の関係については第1章で詳しく述べる）。これを俗に保守系無所属という。

既に当選している現職議員からすれば、同じ選挙区におけるライバルは少ない方がよい。現職議員は地方組織を中心に行われる公認候補者の調整に一定の影響力を発揮できる場合が多いため、派閥が新規の候補者を立てようとしても、認められないケースが出てくる。これが五五年体制下で保守系無所属が続出した原理である。しかし、ひとたび当選してしまえば、派閥が党運営に大きな影響力を発揮できるから、保守系無所属の候補者たちは、追加公認という形で晴れて自民党に入党できた。

さらに、当選後に自民党に入党すれば、派閥均衡・年功序列の人事システムに組み込まれ、自民党議員として当選回数を重ねなければ、閣僚などの有力ポストを得ることは難しい。時あたかも五五年体制下で、自民党以外の政党に政権獲得の現実的可能性は乏しいとなれば、自民党を途中で離れるインセンティブ（誘因）は小さくなる。

加えて、「疑似政権交代」ともいわれるように、派閥間で総理総裁ポストを入れ替えながら、閣僚や党役員人事といった主要ポストや予算へのアクセスなど、与党としてのリソース（資源）を時間をかけて党内にあまねく分配していくことで、権力闘争の激化による党分裂を避ける仕組みが機能した。第8章で触れる法案の事前審査制も、決定的な対立を抑制する役割を果たした。

ロッキード事件という大きなスキャンダルを前にして、新自由クラブの分裂という出来事こそ起こったものの、その規模は小さく、それに追随する動きもみられなかったのは、こうした背景によっている。

自社の断絶

他方、社会党では、民社党と社民連の分派という二度の分裂を経験した。これらはいずれも、党内の路線対立を契機としており、自民党とは異なる経過をたどったといえる。自民党と決定的に異なったのは、万年野党として党内に配分できるリソースが限られ、路線対立が先鋭化しがちだったということである。

また、比較的初期に民社党の分裂を招いたことから、候補者擁立戦術が保守的になり、現職議員の意向が優先されやすいことも相まって、国政選挙での候補者数が絞り込まれた(Kohno, 1997a)。これにより、万年最大野党としての地位を自ら確立することとなり、路線対立のような観念論に「集中」することも可能になった。

保守政党であるはずの自民党政権が、経済政策においては必ずしも保守イデオロギーには束縛されず、地方への補助金や社会福祉の充実といった革新寄りの施策をとったことも、社会党の観念論への傾倒を促した。さらにいえば、社会党が観念論に執着して万年野党化したことを反面教師として、これ以降の最大野党の政策が形成されていくことにつながった。

五五年体制下では、このように自社両党が全く異なるゲームを展開していたところがある。自民党は政権与党であることを前提に、派閥による権力闘争を繰り広げつつ、与党としてのリソースをあまねく配分して凝集性を保った。社会党は党内の路線対立を逸らす手段を持たず、分裂を招いた。両党のイデオロギーの違いは鮮明で、互いを行き来するような移動も起こりにくかった。

また、衆院の中選挙区制のもとでは政権が交代するような大規模な議席変動が起こりにくいこともあり、中道政党が参入しても政権の枠組みに影響を与えるのは難しかった。自社両党に絡む移動が発生しにくく、新規参入して影響力を保持し続ける見込みも乏しい以上、五五年体制が安定的に推移することになったのである。

総じて安定的だった五五年体制の崩壊をもたらしたのは、自民党の内部分裂だった。そのきっかけとなった政治改革、とりわけ衆院の選挙制度改革は、五五年体制を崩壊に追い込んだだけでなく、自民党以外の政党も巻き込んで大規模かつ長期にわたっての政界再編を引き起こしていく。

第1章　政界再編の始まり――1988～1994年

1　政治改革の背景

内閣不信任案の可決

一九九三年六月一八日、宮澤喜一《きいち》内閣不信任決議案の採決が行われた衆議院本会議場は、異様な熱気に包まれていた。本来であれば反対の青票を淡々と投じるはずの与党・自民党議員から、賛成の白票を投じるものが相次ぎ、そのたびに野党席から歓声とどよめきが上がる。賛成票・二五五票、反対票・二二〇票。

「右の結果、宮澤内閣不信任決議案は可決いたしました」

櫻内義雄《さくらうちよしお》衆院議長の声が本会議場に響き渡った。内閣不信任案の可決は、この時点で戦後四例目。党議拘束が厳しい議院内閣制の我が国では、与党が多数を占めている限りまず否決されるはずの不信任案の可決宣告は、長い政界再編の幕開けを告げる号砲でもあった。

与党の自民党が多数を占める衆議院で、内閣不信任案が可決されたのは、当の自民党から多数の造反者が出現したからである。「造反者」には、本会議に出席して賛成票を投じたものと、本会議を欠席したものが含まれるが、いずれも造反の動機は政治改革の推進にあった。「政治改革」と総称される一連の制度改革が、一九五五年から三八年続いた自民党の長期政権を終焉《しゅうえん》に導いたことになる。

では、政治改革とはどのようなもので、なぜ改革が迫られたのだろうか。その直接の引き金は、一九八八年に発覚したリクルート事件にある。リクルート事件とは、当時業務を急拡大していたリクルート社が、上場すれば高値で換金できることが確実視される未公開株を、政界、官界の有力者に幅広く無償でバラまいた件をいう。未公開株の譲渡は、いわば「濡れ手で粟」の便宜供与であり、与野党や政官問わず、我が国の政治エリートの多数がこれに関与していたことが明らかになるにつれ、世論の怒りが沸騰する。自民党の閣僚経験者や派閥の有力者はおろか、野党の政治家や官僚までもが譲渡を受けていたことで、単に私腹を肥やしたものたちへの憤りにとどまらず、そもそもなぜ政治エリートたちがカネに群がるのか、という構造的側面にも目が向けられていった。

政治とカネ

かねて、派閥を単位とした自民党政治には、その金権ぶりを批判する声が根強くあった。公職選挙法の規制が及ばない総裁選のたびにカネが乱れ飛び、総裁を目指す政治家はカネ集めに奔走する。勢い、企業や団体などの大口のカネの出し手は、自民党の有力政治家と密接な関係を構築でき、有形無形の便宜供与を受けられた。族議員として特定の政策分野に影響力を発揮しようとする自民党議員は、関連する省庁の官僚とタッグを組みつつ企業・団体の利益の実現に動く。「鉄のトライアングル」とも称される政官業の強固な関係性は、カネのかかる政治と裏腹の関係にあった。首相経験者の田中角栄が逮捕されたロッキード事件は、その象徴的なものだった。

なかでも、首相を目指す派閥の領袖《りょうしゅう》が、総裁選を有利に進めるために自派閥の議員を増やそうとし、自派閥の議員を養うべく多額のカネを使うという構造は、派閥を単位とした政治を前提にする限り、不可避である。派閥は、候補者のリクルーティングから、カネの手当て、選挙での実動部隊の提供など、丸抱えの支援を行った。ここに、派閥均衡・年功序列の人事慣行も加わって、選挙・カネ・人事という政治家にとって死活的に重要な三大要素を握った派閥は、党執行部をはるかに上回る忠誠心を、所属議員から調達しえたのである。

派閥の有力者にとっては、この忠誠心こそが権力闘争の最も重要な資源となり、所属議員にとっては派閥の支援こそが政治家として成功する唯一の道であるため、政治家の倫理に訴えて派閥政治を抑え込むことは難しい。だからこそ、派閥の解消は自民党で何度も試みられたが、時間をおかずに復活してしまうことの繰り返しであった。

中選挙区制と金権政治

では、なぜ五五年体制下の自民党政治で、派閥がここまで幅を利かせることになったのだろうか。その原因は、衆議院の中選挙区制という選挙制度にあると考えられる。中選挙区制では、有権者は一人の候補者だけを選び、定数のほとんどが三から五なので、政党が単独で議会全体の過半数を目指すためには、一つの選挙区に複数の自党の候補者を擁立することが必要になる。

これを候補者目線でみると、他党の候補者はもちろん、自党の候補者もライバルになることを意味する。そうなると、公認を得た政党の政策（公約）を訴えるだけでは、甚だ心許《こころもと》ない。他党の候補に比べて自分が優れていることのアピールにはなるかもしれないが、自党の他候補との差別化が図れないからである。

自党の候補者同士での争いを有利にするのに手っ取り早いのは、典型的には選挙区に直接的な利益をもたらしたという実績である。たとえば道路整備などのインフラ建設を引っ張ってくるといった、有権者へのサービス提供によって、票を獲得しようとする動きが促進されるのである。五五年体制下では、単独で過半数を目指して候補者を擁立する政党は自民党だけであったから、選挙戦で有権者へのサービス合戦を繰り広げるのは勢い自民党系の候補者ということになった。ここに、候補者レベルでの金権政治の根がある。

派閥の役割

しかし、ただ無秩序に自民党系候補同士の戦いとなってしまえば、至る所でサービス合戦がエスカレートしてしまうだけではなく、選挙戦で共倒れのリスクも生じる。たとえば、知名度がある一人の候補が大量に得票してしまうと、残りの候補の票が減り、一人しか擁立していない他の政党の候補者を下回って軒並み落選してしまうこともありうる。政権を目指す政党にとって、選挙の目的は議席の最大化だから、共倒れを避けるためにいかに効率よく自党の候補者の票を分散させるかが重要になる。

選挙の世界では、これを票割りと呼ぶ。票割りを効率よく進めるために、派閥が大きな役割を果たすことになった。むろん、組織化されていない緩やかな支持者も多くいるため、政党が票割りを百パーセント完璧に行うことは不可能である。だが、業界団体などとの結びつきが強く、個人後援会などのコアな支持層を抱える自民党では、固定票の部分だけでもコントロールすれば共倒れのリスクを下げることができる。

そこで、支持団体ごと、あるいは地域ごとに地方議員を系列化し、これと派閥を連動させることで票割りを効率よく進められるシステムが確立されていった。これは自民党や候補者はもとより、派閥の側にもメリットがあるシステムである。自派閥の議員を当選させて増やすことは、総裁の椅子を引き寄せることに直結するからである。

このように自民党の派閥政治には、単に「三人寄れば派閥ができる」といった人間関係論的な面だけでなく、中選挙区制という選挙制度に対応するため、必要とされたという側面がある。その証拠に、中選挙区のほとんどの定数である三から五という数字に対応して、自民党の主要派閥は「三角大福中」（三木武夫率いる三木派、田中角栄率いる田中派、大平正芳率いる大平派、福田赳夫《たけお》率いる福田派、中曽根康弘《やすひろ》率いる中曽根派）と呼ばれる五つに収斂《しゅうれん》していった。定数が五なら、自民党系の候補者は最大で五名となるが、派閥が五つあればそれぞれすみわけができるわけだ（Kohno, 1997b）。

候補者レベルでのサービス合戦の横行は、それ自体金権政治の温床となりうるし、派閥政治にもカネがかかる。カネのかかる政治に由来した問題が頻発する根本には、中選挙区制という選挙制度がある。だから、カネのかかる政治を改革するには、選挙制度を変えなければならない。

他方、冷戦が崩壊して国際環境も激変するなか、政権選択の選挙であるはずの総選挙で政策論争が活発には行われず、政権交代の現実的可能性もないという政治状況への懸念もあった。ここに、リクルート事件をきっかけに政治改革の必要性が叫ばれるようになると、政治改革イコール選挙制度改革である、との認識が広がっていくことになる。

2　停滞する政治改革

参院選での与野党逆転

リクルート事件が表面化した一九八八年六月からおよそ半年が経過した一二月二七日、自民党に総裁直属の政治改革委員会が設置され、翌一九八九年元旦には、竹下登《のぼる》首相が同年を政治改革元年とするという意向を表明する。四月二五日、リクルート事件と消費税創設で強い批判を浴びた竹下首相が辞意を表明するなか、五月二三日、自民党は「政治改革大綱」を党議決定し、「小選挙区制の導入を基本とした選挙制度の抜本改革に取り組む」（佐々木編著、一九九九）ことが明記された。

六月三日に宇野宗佑《そうすけ》内閣が発足するが、直後の七月二三日実施の参院選ではリクルート、消費税に加えて牛肉・オレンジの輸入自由化を加えたいわゆる「三点セット」による逆風が吹き荒れ、自民党は惨敗を喫した。これによって参院で過半数割れを起こし、「ねじれ国会」状態に直面した自民党は、公明・民社両党と協力体制を構築することで局面打開を図る。

海部内閣と政治改革

参院選の結果を受けて退陣した宇野首相の後継には、海部俊樹《かいふとしき》が選ばれた。海部内閣は最大派閥の竹下派の後ろ盾を得て、引き続き政治改革を重視する姿勢をみせる。海部内閣を支えた竹下派の実力者で自民党幹事長に就任した小沢一郎が、政治改革に積極的であったことも海部の姿勢を後押しした。

海部内閣では、一九九一年六月までに、中選挙区制を廃止して、定数四七一（小選挙区三〇〇、比例代表一七一）とする選挙制度改革や、企業・団体献金を制限する政治資金規正法の改正と公費による政党助成制度の創設の三本柱からなる政治改革関連法案をまとめた（佐々木編著、前掲書）。

この法案が国会に提出されるためには、自民党政権の慣例で、党による法案の事前審査を受けなければならない。だが、中選挙区制を続ける限り、自民党は半永久的に政権を失う心配がない。これを政権交代可能な仕組みに変えようというのだから、自民党議員の反発には

小沢一郎　1942年生まれ。69年、自民党から衆議院議員に初当選。89年に47歳で幹事長に就任。93年、自民党を離党し新生党を結成。代表幹事として細川政権を成立させた。94年、新進党を結成。幹事長、党首を歴任したが97年に解党し、98年、自由党党首。自民党との連立政権を経て、2003年には民主党と合併、民主党では代表代行、代表を歴任。09年に政権交代を果たすと幹事長に就任した。12年に民主党に離党届を提出した後は、政界再編にともない国民の生活が第一、日本未来の党、生活の党、自由党、国民民主党、立憲民主党に所属。（1994年、読売新聞社）

根強いものがあった。政治改革を求める世論の後押しで、やむをえず改革に踏み出したものの、党内がまとまるかどうかは甚だ不透明であった。それでなくても、自民党の法案事前審査制は政調会と総務会での全会一致が原則である。党内の反発が強ければ、法案が国会に提出される前に葬り去られる可能性も十分にあった。

案の定、政治改革関連法案の事前審査は、難航をきわめる。六月二七日、党選挙制度調査会の総会と政調審議会で、あわせて九時間半にわたるロングランの審査が行われ、何とか了承を得たものの

(『朝日新聞』一九九一年六月二八日付朝刊)、翌二八日の総務会は紛糾して結論を持ち越した。明くる二九日も、強い反対の声はやまず、最終的に西岡武夫総務会長が審議を打ち切り、一任をとりつけたとして党議決定に持ち込んだ。だが、総務会長の強引な一任とりつけでは全会一致が担保されていないとの異論が噴出し、七月九日の総務会で再度党議決定が下されたことの再確認を行った(『朝日新聞』一九九一年七月一〇日付朝刊)。ようやく一〇日、海部内閣は政治改革関連三法案を閣議決定し、八月五日召集の臨時国会に提出した。

廃案と「重大な決意」

一連のプロセスのなかで、いわば強行突破的に党内の意見集約を打ち切ったことは、政治改革関連法案の国会審議に向けて少なからぬ影響を及ぼした。通常の法案であれば、事前審査で全会一致で承認されれば、自民党としての党議拘束がかかることを意味する。しかし、自民党内の反対派にしてみれば、事前審査が全会一致とは認めがたいのだから、党議拘束は無効であるとの論理立てが可能になった。その結果、普通なら与野党間のやり取りのみに焦点が当たるはずの国会審議でも、自民党内の対立が蒸し返された。

さらに野党に目を向けても、最大野党の社会党は、政治改革は必要との立場ながら、選挙制度改革には後ろ向きの議員が少なくなかった。他の中小政党も、大規模政党にとって有利な小選挙区制中心の制度になってしまえば存亡を脅かされかねないため、積極的とはいいがたいものがあった。

与野党双方に関連法案への反対の声が渦巻くなか、臨時国会での法案審議は停滞し、ついに九月三〇日、政治改革に関する特別委員長を務める自民党の小此木彦三郎《おこのぎひこさぶろう》が、関連三法を審議未了で廃案とする見解を発表するに至った。これを受け、政治改革実現に意欲を燃やす海部首相が「重大な決意」で事態の打開にあたることを表明した（『朝日新聞』一九九一年一〇月一日付朝刊）。首相の「重大な決意」といえば解散であるとの受け止めが広がり、突如吹いた解散風に永田町は蜂の巣を突《つつ》いたような騒ぎとなった。だが、首相の解散権の行使は、政権の最大の後ろ盾だった竹下派の理解を得られず、政権運営が暗礁に乗り上げたことで、海部首相は一〇月四日に退陣を表明する。

3　自民党分裂

宮澤内閣の発足とスキャンダル

関連法案の廃案と海部首相の退陣で政治改革論議は一旦仕切り直しとなったが、改革を求める世論は依然として根強く、海部後継の宮澤喜一内閣のもとで、自民党内に「政治改革を実現する若手議員の会」が発足するなど、党内外からの突き上げも続いた。一九九二年一月には、自民党の阿部文男《ふみお》元北海道沖縄開発庁長官が受託収賄容疑で逮捕され、新たな金権スキャンダルも発覚した。

それでも根強い反対論が渦巻く政界をして、政治改革の実現に走らせる大きなきっかけを作ったと指摘されるのが民間組織である。なかでも、学識経験者や財界人など、政治改革を求める有識者が集まって四月二〇日に結成した「政治改革推進協議会（民間政治臨調）」は、与野党の枠を越えて推進派の国会議員とも連携しながら改革の実現を強く迫った（佐々木編著、前掲書）。

八月には、最大派閥・竹下派の最高実力者だった金丸信《かねまるしん》自民党副総裁が、東京佐川急便から五億円の資金提供を受けたことが発覚する。金丸の金権スキャンダルは、世論のさらなる怒りをかき立てただけでなく、自民党内のパワーバランスに重大な変化をもたらし、五五年体制の崩壊と政治改革の実現に向けての決定的な分水嶺となった。

まず、金丸に科せられた刑事処分が、政治資金規正法違反での略式起訴による罰金二〇万円と軽微なものにとどまったことで、法の不備を指摘する声が高まった。また、事件の発覚によって党副総裁と竹下派の会長職を辞することになった金丸の跡目争いで、竹下派が分裂する。竹下元首相の後ろ盾を得た小渕恵三《おぶちけいぞう》や橋本龍太郎《りゅうたろう》らが派閥の実権を握ったのに対し、小沢や羽田孜《はたつとむ》のグループがこれに反発し、羽田派を結成したのである。羽田派には、それまでも自民党内で政治改革の実現を叫んできた小沢・羽田や若手議員が参画しており、政治改革の実現を派の旗印に掲げた。羽田派は、翌九三年六月に自民党を集団離党し、五五年体制の終焉を主導することになる。

改革派としての羽田派

羽田派が政治改革の実現を強く迫る背景として、一九九二年一二月の宮澤改造内閣の閣僚人事で冷遇を受け、事実上唯一の非主流派閥の地位に甘んじたことを挙げる向きもある（河野、一九九五）。自民党内の権力闘争で苦境に陥った羽田派が、世論を味方につけて形勢逆転を狙うために、受けのいい政治改革を声高に叫ぶようになったというわけである。

羽田派の改革志向が単なる権力闘争の手段なのか、それとも純然たる議員個々の政策志向によるものかは、判別するのが難しい。羽田派のリーダーである羽田や小沢、彼らに追随した議員たちの多くは、羽田派結成以前から政治改革の実現を強く訴えていたことも事実である。他方、自民党内の力学からみて、世論をバックにできる改革実行を前面に押し出すことが有利に働くことも確かだ。

政局的な利益と政策的な利益が相反した場合にはどちらを重んじているのか確認できるか

もしれないが、ここでは両者が一致しているので、判断するのは困難である。動機づけを権力志向か政策実現かの単純な二項対立でとらえることにはそもそも意味がなく、政治の世界では、両者はしばしば共存するものととらえるべきであろう。

三重の突き上げ

一九九三年一月召集の通常国会は、政治改革一色となった。宮澤首相は、政治改革の実現を求める世論、野党、そして羽田派を中心とした自民党改革派からの三重の突き上げと、なお改革に消極的な自民党の大勢との板挟みに苦しんだ。

なかでも、大きな役割を果たしたとされるのが、世論をバックにしたテレビメディアである。ジャーナリストの田原総一朗《たはらそういちろう》が宮澤首相と対談した「総理と語る」というテレビ朝日の番組で、首相は政治改革への覚悟を再三問われ、通常国会中の実現を「やるんです」と断言する形で約束した（佐々木編著、前掲書）。にもかかわらず、この約束が履行されないことに業を煮やした羽田派が、内閣不信任案に賛成するきっかけを与えたとされる。このため、テレビが政治改革を主導したという受け止め方もあるほどである（田原、二〇一〇）。

実態としては、テレビが主導して現実を誘導したというよりは、政治改革の実現をめぐって自民党内が激しく対立するなか、駆け引きの有力な材料として発言が利用されたということであろう。だが、首相のテレビでの発言が政治改革実現派を勢いづかせることに一役買ったことは確かだ。

新党さきがけと新生党

宮澤首相自身は、自ら政治改革の実現を明言したこともあって、通常国会中の法案成立に最後まで意欲をみせたが、自民党執行部の慎重姿勢は揺るがないまま、会期末が迫る。野党側は、これに反発して内閣不信任案を衆議院に提出、攻防は最終局面を迎えた。

当初羽田派は、離党の可能性もちらつかせながら、内閣不信任案に賛成してこれを可決させ、宮澤内閣を退陣に追い込んで政治改革に積極的な新政権樹立に関与するという戦略を描いた（平野、一九九六）。内閣不信任案での造反という最高レベルの党議拘束違反を犯しはするが、世論に背を向け政治改革に否定的な宮澤執行部こそ、より高次の糾弾に値するので、自ら進んで離党する必要はないとの理屈である。宮澤内閣不信任案は、一九九三年六月一八日夕刻の衆議院本会議で採決され、三四人の羽田派議員を含む三九人が賛成票を投じ、病欠を除く一六人の自民党議員が欠席したことで、二五五対二二〇の賛成多数で可決された。宮澤首相は、総辞職か解散かの選択を迫られることになった。

内閣不信任案可決後も自民党に残留して、後継内閣での主導権の確保を狙っていた羽田派の戦略が狂ったのはここからである。不信任案の採決に出席し、党議に即して反対票を投じた武村正義《まさよし》らが、不信任案可決後に政治改革の実現を訴えて自民党からの離党を表明したのだ。武村らは二一日、「新党さきがけ」を結成した。

不信任案で造反しなかった議員が離党を表明した以上、造反した羽田派が自民党に残留する選択肢はもはやなくなり、羽田派は集団での離党を決断する。宮澤首相は、同日直ちに衆院を解散した。羽田らは、党名や党の綱領など、事前の準備はほぼないまま、急ピッチで新党結成準備を進め、六月二三日、羽田を党首、小沢を代表幹事とする「新生党」結成が発表された。

4　細川内閣による成就

細川非自民連立政権の誕生

一九九三年七月一八日に投開票が行われた総選挙では、自民党が二二三議席で、改選一議席増とほぼ現状維持の議席を確保したものの、過半数の二五六議席（定数五一一）には届かなかった。対して、自民党離党組が結成した新生党は五五議席（一九議席増）、新党さきがけ一三議席（三議席増）と、ともに伸長した。一九九二年に細川護熙《もりひろ》によって結成され、総選挙ではじめて候補者を擁立した日本新党も三五議席を獲得した。対照的に、野党第一党の社会党は七〇議席と、改選前から六四議席を失う結果となった。

自民党は、過半数にこそ届かなかったものの、他を引き離して第一党の座をキープしており、連立政権によって政権を維持する可能性は残されていた。そこで、互いに親密な関係を築いていた日本新党とさきがけの両党がキャスティングボートを握る形になった。いち早く動いたのが新生党の小沢代表幹事で、政治改革の実現を旗印とする非自民連立政権の首班として、細川を擁立する提案を持ちかけ、日本新党とさきがけを自陣営に引き込むことに成功する（小沢、二〇二〇）。

八月九日、非自民・非共産の八党会派の連立による細川内閣が発足し、結党以来三八年間、政権の座を維持し続けた自民党がはじめて下野する。自民党の下野と社会党の退潮によって、両党が左右に分かれて向き合う五五年体制は終焉し、日本政治の新たな時代が幕を開けた。

政治改革政権

細川首相は、自らの政権を「政治改革政権」と位置づけ、年内の政治改革実現を公約とした。細川内閣は、衆議院の定数を五〇〇とし、小選挙区二五〇、比例代表二五〇の配分とする政治改革関連法案を、内閣発足直後の九月一七日に閣議決定した。そこでは、投票は記号

羽田孜（左） 1935年生まれ。69年、自民党から衆議院議員に初当選。農林水産大臣、大蔵大臣などを歴任する。92年、羽田派代表に。93年、小沢一郎らとともに自民党を離党し、新生党党首に就任。細川政権の副総理兼外務大臣を務める。94年、首相となるも少数与党内閣となり64日で辞職。以後、政界再編にともない新進党、太陽党、民政党、民主党と所属を変え、民主党では幹事長などを歴任。2012年に政界引退、17年死去。

細川護熙（中央） 1938年生まれ。71年、自民党から参議院議員に初当選。83年、熊本県知事選に当選、2期務める。92年、日本新党を結成し参議院議員に当選。93年の総選挙で衆院に鞍替えして当選し、首相に就任した。政治改革法案を成立させたが翌年辞任。以後、政界再編にともない新進党、フロムファイブ、民政党、民主党と所属を変え、98年に政界引退。2014年に東京都知事選に出馬するも落選した。

武村正義（右） 1934年生まれ。71年、滋賀県の八日市市長に当選。74年、滋賀県知事選に当選し、以後3選を果たす。86年、自民党から衆議院議員に初当選。93年、自民党を離党して新党さきがけを結成、細川政権の内閣官房長官に就任する。94年、自社さ連立政権に参加し、村山内閣で大蔵大臣に就任。2000年の総選挙で落選。（1993年、ロイター/アフロ）

式の二票制、小選挙区の区割りは第三者機関の選挙区画定審議会に委ねて格差は二倍未満を目指すこと、比例代表の選挙区は全国単位とし、拘束名簿を基本にしつつ、小選挙区と比例代表の重複立候補を可能にする仕組みが決定された。選挙運動での戸別訪問の自由化や三パーセントの阻止条項が設けられたことも特徴である。

政治資金制度についても、政治家個人への企業・団体献金は禁止される一方、政党への企業・団体献金は法律制定から五年後に見直すことになった。また、政党への公的助成制度として、国民一人につき三三五円の年間総額四一四億円を交付することも盛り込んだ。

対する自民党も、小選挙区三〇〇と比例代表一七一の定数四七一、公的助成金は国民一人あたり二五〇円とする案をまとめ、一〇月五日に提出した（佐々木編著、前掲書）。

時の首相が内閣の最重要課題に位置づけ、与野党が競うように成案を議会に提出するなかでは、議席配分など細かい相違はあるにしても、法案成立それ自体は約束されていたかのようにもみえるが、事態はそう単純ではなかった。小選挙区の議席配分を増やせば大政党に有利になり、比例代表の議席を増やせば中小政党に恩恵が及ぶことから、議席配分の問題は各党の存亡を賭けた深刻な相違であった。また、連立与党も自民党も、内部にそもそも選挙制度改革の方向性それ自体に批判的な勢力を抱えており、そのことも火種となった。

参院での否決から合意へ

政治学者の岩井奉信《ともあき》によると、連立与党の一員である社会党は、もともと党内に右派と左派の対立を抱えており、左派は選挙制度改革そのものに否定的であった（佐々木編著、前掲書）。加えて、連立与党としての政策決定を、ともすれば強引に主導する新生党の小沢の政治手法にも、左派は不満を募らせた。選挙制度改革の実現後は、新たな選挙制度に対応するための政界再編が不可欠と目されるなか、小沢に主導権を握られることへの警戒感が高まっていったというのだ。そこで、社会党は小選挙区部分を増やして自民党案に歩み寄ることには強く抵抗した。

当初は自民党に対して融和的な国会運営を行っていた連立与党だったが、自民党の抵抗は激しく、細川首相の公約である年内の法案成立のため、次第に政府案の強行採決も選択肢にのぼり始める。自民党との安易な妥協に走れば、連立与党内での社会党との再調整が難航すると予想されたからである。

他方、自民党も一枚岩にはほど遠かった。改革推進派と慎重派双方からの突き上げによって、党執行部は妥協も決裂もともに選べない袋小路に陥った。一九九三年一一月一五日深夜には、細川首相と河野洋平自民党総裁のトップ会談で局面の打開が図られたが、河野には権限が何ら一任されていなかったこともあり、物別れに終わった。そこで連立与党は、自民党に配慮して小選挙区部分を二七四まで増やし、公的助成制度は自民党案の三〇九億円まで減額する形で修正案を一方的に提出し、一八日に衆院本会議で採決が行われた。

法案は、賛成二七〇、反対二二六、棄権一〇で可決され、参院に送られた。衆院では、自民党から一三名が賛成に回り、七名が棄権した一方、社会党から五名が反対票を投じ、一名が棄権した。

こうして舞台は参院での攻防に移ったが、参院は一九八九年参院選で大勝した社会党の、とりわけ左派の影響力が強く、政府案の審議は難航が予想された。はたして、当初の会期末までの成立は早々に不可能となり、政府・与党は一九九三年一二月一五日までの会期を、四五日間という長期にわたって延長することとした。細川首相は年内成立の公約断念を記者会見で国民に謝罪するとともに、引き続き法案成立に努力する意欲を示した。

政治改革の早期実現を求める世論にも押され、ついに一九九四年一月二一日には、衆院で成立した政府案のまま、参院本会議で採決が行われたが、賛成一一八、反対一三〇、欠席三で法案は否決された。社会党からは実に一七票の反対票が投じられ、自民党からも五票の賛成票が投じられた。

社会党は造反した参院議員三名を除名処分とした。三名は、社民連の田英夫らと連携し、九月に「新党・護憲リベラル」を結成した。

ただ、これはすなわち連立与党の敗北を意味したわけではなかった。難航する両院協議会を尻目に、局面打開のための解散・総選挙の可能性や、自民党の改革推進派を抱き込む形で衆院での三分の二以上の賛成による再可決の道が囁《ささや》かれ、潜在的な造反者を多く抱える自民党と社会党に厳しい展開となったからである。衆院での再議となれば自民党は分裂含みとなるし、解散となれば自社ともに苦戦を余儀なくされると予想され、やはり分裂含みになる。

そこで、一九九四年一月二八日には細川首相と河野総裁によるトップ会談が再び開かれ、小選挙区三〇〇、比例代表二〇〇の定数五〇〇とし、比例代表の単位はブロック制、政治家個人の企業献金を認めるというほぼ全面的に自民党案に譲歩する形で政治改革実現が合意された（佐々木編著、前掲書）。

波乱の要因となった自社両党は、党分裂の危機を前にもはや合意を受け入れるしかなく、ここに政治改革は実質的に完遂をみる。

政治改革の意味

政治改革は、一九八九年の自民党による政治改革大綱の制定から数えて、足かけ四年でようやく成就した。衆院の中選挙区制を廃止して、小選挙区三〇〇、比例代表二〇〇の計五〇〇議席とするという新制度の骨格は、一九九〇年四月に第八次選挙審が答申した案に近いものになった。

八党会派という少数政党の寄せ集めだった細川内閣の原案は、小選挙区二五〇、比例代表二五〇で、比例代表のブロックは全国を単位とするというものだったが、与党内の造反によって自民党との妥協を強いられた結果、小選挙区の比重が高まり、比例代表のブロックも全国を一一に分割するという形になった。小選挙区はもちろんだが、比例代表もブロックが細分化されて一ブロックあたりの定数が減れば、それだけ少数政党が議席を獲得できる可能性は減る。制度改革と直接関係しない参院議員の造反で、連立与党の各党にとって不利な形に変更せざるをえなかったのは皮肉である。

ともあれ、大政党に有利な制度が成立したことで、政界再編の方向性は強く規定された。当然ながら、そのトレンドは非自民政党の大同団結である。また、政治改革の実現と並行して、五五年体制が崩壊したことも重要だ。左右のイデオロギーを軸とした政党の展開はもはや意味をなさなくなり、しかし自民党は大政党のまま存在し続けるなかで、非自民の諸政党は、大同団結してどのような看板を掲げるかという難題に直面したからである。さらに事態は、一九九四年にかつて仇敵として向かい合った自民党と社会党が連立政権を樹立するに至って、一層混沌とした様相を呈していく。

第2章　新進党の挑戦と挫折――1994〜1997年

1　自社さ連立政権

細川内閣の終焉

政治改革関連法案の成立は、「政治改革政権」を標榜した細川護煕内閣の終わりの始まりを意味した。もとより、八党会派による連立は、「ガラス細工」とも称され、まさに政治改革の実現のために成立したものだった。その意味で、一丁目一番地の政治改革が実現した瞬間、遠心力が働くのは必然でもあった。

政治改革が事実上妥結した一九九四年一月二八日のトップ会談からわずか六日の二月三日、三%だった消費税を税率七%の国民福祉税とする構想を細川首相が発表した。これを主導したのは新生党の小沢一郎代表幹事であったとされるが（内田ほか、一九九四）、事前に知らされていなかった武村正義官房長官や社会党などの反発は大きく、直後に撤回を余儀なくされる。それ以前からも存在していた政権内の軋《きし》みはもはや覆いがたく、細川首相は自らの政治資金をめぐる問題への追及を受けるなか、四月八日に突如辞意を表明する。政治改革の実現からわずか二ヵ月余り、あっけない幕切れであった。細川内閣の終焉とともに、さきがけは連立政権から離脱し、閣外協力に転じることになった。

渡辺美智雄擁立構想

細川の後継には、羽田孜新生党党首がつくことになったが、羽田後継が固まるまでの期間、さまざまな工作が試みられた。自民党は、連立与党の不協和音につけ込み、社会党との連携による政権奪取の可能性を探った（『朝日新聞』一九九四年四月一二日付朝刊）。自社連携は、この時点では実を結ばなかったものの、羽田内閣総辞職後の政局を先取りする動きが、既に水面下で進んでいた。

他方、細川内閣を中心的に仕切ってきた新生党や公明党のなかには、政治改革関連法案での様子などから、社会党への不満が強く、この機にさきがけに次いで社会党とも縁を切り、過半数に足りなくなる分を自民党の一部議員と連携することで埋め合わせ、連立を組み替えようとする構想もあった。実際、新生党の小沢らは自民党の渡辺美智雄《みちお》元副総理に、自派閥の議員とともに離党すれば首相候補に担ぐと持ちかけた。渡辺は一九九四年四月一七日、「自民党だけの支持では首相になれない。多くの人に支持をお願いするのだから当然、党籍を離れる」（『朝日新聞』一九九四年四月一八日付朝刊）と述べるなど、一時は離党に傾く局面もあったが、最終的に離党は実現しなかった。そこで、さきがけを除いて細川内閣の連立与党の枠組みを維持する形で、羽田首班の内閣を樹立する方向となった。並行して、連立与党側の工作もあり、自民党からは離党者が相次ぎ、「自由党（以下、自由党〔旧〕と呼称）」を結成した柿沢弘治《かきざわこうじ》ら五名、「新党みらい」を結成した鹿野道彦《かのみちひこ》ら五名など、十数名が自民党を離れた。

社会党の離脱から羽田内閣の終焉へ

一九九四年四月二五日には羽田首相を指名する選挙が国会で行われたが、直後、大きな事件が発生し、羽田内閣は出だしから苦境に追い込まれることになる。社会党を除く連立与党の新生党、日本新党、民社党などで統一会派・改新を結成する動きが表面化し、これに猛反発した社会党が連立を離脱する運びになったのである。

連立与党での統一会派の結成自体は、政治改革の妥結後、細川と小沢、公明党の市川雄一《ゆういち》を中心に構想が練られていた。社会党が与党第一党でありながら、政治改革など政権の方針と対立するケースもあったため、勢力のうえで改新を第一会派として連立与党内での社会党の影響力を削ぐ目的があったと考えられる。しかし、小沢が主導することや、公明党が加わることへの警戒感から、社会党はもとより、民社党にも慎重な声が根強く、停滞していた。急な細川の退陣を受け、それまで慎重姿勢とされてきた民社党委員長の大内啓伍《けいご》らが実現に動き、一気呵成《かせい》に進む形になった。しかし、自らを追い込もうとする動きへの社会党の反発はきわめて強く、返す刀で閣外に転じる決断をした（内田ほか、前掲書）。

連立与党側は、社会党に連立復帰を要請したが、時既に遅く、連立離脱は揺るがなかった。これにより羽田内閣は少数与党となり、わずか二カ月での退陣を余儀なくされた。なお、連立与党側の誘いに応じて自民党を離れた自由党（旧）の柿沢弘治は、羽田内閣の外相に就任している。連立与党側が内閣の要のポストの一つを差し出してまで、自民党の分裂を画策した工作の激しさをうかがわせる。

また、羽田内閣のもとでは、日本新党をめぐる再編の動きも活発だった。細川内閣発足当初はさきがけとの関係を重視していた日本新党だったが、次第に新生党などとの連携を深める細川代表の方針に反対し、枝野幸男《えだのゆきお》や前原誠司《せいじ》ら七名が、四月から五月にかけて党を離れたのである。枝野や前原は、院内会派「民主の風」結成を経て、村山内閣発足後にさきがけ

枝野幸男（中央左）　1964年生まれ。93年、日本新党から衆議院議員に初当選。94年、日本新党を離党、院内会派「民主の風」、さきがけを経て、96年、民主党結成に参加。第1次、第2次民主党でともに政調会長を務めた。2009年からの民主党政権では行政刷新担当大臣、内閣官房長官、経済産業大臣などを歴任した。下野後の民主党および民進党では幹事長、代表代行などを務めたが、17年、立憲民主党を結成、代表を務める。

前原誠司（中央右）　1962年生まれ。93年、日本新党から衆議院議員に初当選。94年、日本新党を離党、院内会派「民主の風」、さきがけを経て、96年、民主党結成に参加。2005年、民主党代表に就任するも06年に辞任。2009年からの民主党政権では国土交通大臣、外務大臣、国家戦略担当大臣などを歴任した。17年、民進党代表に就任、希望の党への合流を主導するも党の分裂につながった。以後、希望の党を経て国民民主党所属。（1994年、読売新聞社）

に入党し、後に民主党で活躍する。また、社民連も五月二二日に解党し、日本新党に合流した。

羽田内閣の終焉をめぐっては、少数与党のため内閣不信任案の可決が不可避の情勢となった際、解散・総選挙という選択肢があった。羽田内閣は、発足時点で四七％の支持率があり、これは細川内閣発足時の七一％に比べると低いが、歴代の自民党内閣に比べると低い水準ではなく（『朝日新聞』一九九四年五月一一日付朝刊）、総選挙に打って出れば連立与党側が勝つ可能性もあった。しかし、既に成立した新たな制度での総選挙は区割りが未完成のため不可能で、この時点で解散すれば従来通りの中選挙区制での選挙となる。選挙制度変更を推進した側が、このタイミングで解散して中選挙区制での選挙に踏み出すのは筋が通らないとの考えもあり（小沢、二〇二〇）、羽田首相は最終的に総辞職を選択した。

自民党の政権復帰

総辞職を決断した羽田首相の後継をめぐり、再び連立与党と自民党による激しい多数派工作が繰り広げられた。自民党は、細川内閣時から五五年体制下では不倶戴天《ふぐたいてん》の敵であった社会党に触手を伸ばし、自らの陣営に引き込もうとした。社会党は、第1章でも述べたように、小沢を中心とした連立与党のなかで不満を募らせてきた経緯もあり、この誘いに乗る。

他方、羽田は自らが一度身を引くことで、社会党の右派などが連立復帰を決断し、再登板の芽もあるとみていた節がある（小沢、一九九六）。しかし、右派社会党には袖にされ、並行して行われた自民党の分裂工作も奏功しなかった。これらの工作の中心にはまたしても小沢がおり、解散の是非や多数派工作の失敗などをめぐって二人の間に微妙な隙間風が吹いたことが、のちの両者の対立の下地になったとの見方もできる。

ともあれ、羽田内閣の後継首相をめぐる争いは、衆院本会議における首相指名選挙の場に持ち込まれた。社会党を味方に引き入れた自民党は、同じく旧連立与党の一員だったさきがけとも手を組み、社会党委員長の村山富市《とみいち》を首相候補に擁立し、世間に大きな驚きを与えた。他方、連立与党側は自民党から首相経験者の海部俊樹を候補に担いで指名選挙に突入した。自民党の一部議員には、激しく対立してきた社会党の委員長への投票に否定的な向きもあり、実際に一部の造反はあったものの、投票の結果、村山が首相に就任した。連立与党が野党に転じ、一度は下野した自民党は一〇ヵ月で政権に復帰したことになる。

2　新・新党結成へ

大同団結のために

この間、選挙制度改革の実務作業は粛々と進められ、衆議院議員選挙区画定審議会は村山内閣発足からまもない一九九四年八月一一日、首相に区割り勧告を行った。これを受け、村山内閣は区割り法案をまとめ、一一月二一日に成立し、二五日に公布された。こうしたなか、野党に転落した旧連立与党は、大政党が有利になる小選挙区の比重が大きい新選挙制度に対応するため、大同団結を目指していく。

新しい選挙制度への対応という理由が大同団結の主眼であっても、政党である以上は政策を抜きにすることはできない。九月には、新党基本理念起草委員会でいわゆる「新・新党」の基本理念がまとめられ、「一、たゆまざる改革を進める」「二、思いやりと生きがいのある社会をつくる――長寿福祉社会の基盤の確立」「三、平和な世界をつくる――一国平和主義・一国繁栄主義からの決別」の三本柱が示された。ただ、外交・安保政策をめぐっては、国連の安保理常任理事国入りを目指すことを明記すべきとの主張もあった一方、慎重な声も根強く、基本理念のなかには盛り込まれなかった（『朝日新聞』一九九四年九月五日付夕刊）。

これに基づき、九月末には臨時国会の召集に合わせて、新生・公明・日本新・民社各党などが参加する衆院の統一会派「改革」が結成された。同時に新・新党結成のための新党準備会が発足し、幹事長にあたる実行委員長に小沢を選出した。

公明党の分党

ここから新・新党の結成に向けての具体的なプロセスが進行していくが、ネックとなった主要な問題が二つあり、これらはいずれも後に結成される新進党を揺るがす。

第一に、公明党の合流をめぐって、翌春には同党が重視する統一地方選が控えていたことから、党丸ごとの新党への合流は避けられる方向となったことである。具体的には、まず衆院議員全員と翌年夏に改選される参院議員らが新党に加わったうえで、参院の非改選議員と地方議員は従来の組織に残し、統一地方選は独自の公認候補を擁立する、という「分党」方式が採用されたのである。

こうした公明党の動きに対しては、いまだ不透明な政界再編のゆくえからして、勢力や組織を温存する目的が秘められているのではないかとの指摘はあったものの（たとえば『朝日新聞』一九九四年一〇月三〇日付朝刊など）、分党方針に表立って異を唱える旧連立与党内の声はそれほど大きくなかった。支持母体である創価学会の意向もあったためか、積極的に口を挟もうとする他党の動きはみられなかった。ただ、準備段階から存在した公明党あるいは創価学会へのいわば遠慮のようなものが、後に新進党解党の直接の引き金を引くことになる。

党首選の駆け引き

第二に、新党の党首選びをめぐる火種である。新党の党首には一九九四年六月の首相指名選挙時に統一候補となった海部を推す声があったものの、かつて自民党の首相と幹事長としてタッグを組んだ海部＝小沢ラインでの党運営となれば、新味に欠けるとの批判もあった。

一一月二四日には、新党名を新進党とすることが決まったが、党首を投票で選ぶか話し合いで決めるかで難航し、海部以外の有力候補として浮上した羽田の動向が焦点となった。新進党では、党首のほかに幹事長も公選で決定することとなったが、一二月七日の公示日ぎりぎりまで駆け引きが繰り広げられた結果、党首選には海部と羽田のほかに米沢隆《よねざわたかし》民社党代表の三名が立候補した。幹事長には小沢のみが名乗りを上げ、無投票で就任が決まった。

党首選は、八日の新党準備会総会で国会議員二一四人による投票が行われ、過半数を上回る一三一票を獲得した海部が当選した（羽田五二票、米沢三一票）。海部を推す小沢の思惑通りの結果となり、新進党の運営は小沢を中心に担われることになったが、新生党時代に車の両輪としてタッグを組んだ小沢と羽田の間の対立が顕在化したことで、新進党は単に多様な政党の寄り合い所帯であるだけにとどまらない亀裂を抱えた形でスタートした。

なお、新進党に参加しなかった柿沢元外相や大内元民社党委員長らは、徳田虎雄《とらお》衆院議員らと新党「自由連合」を結成した。

構造的なジレンマ

他方、新進党の結成をめぐって注目すべきは、政策面でのすり合わせがあまり重視されなかったことだ。新党の基本理念こそ、前述した起草委員会でまとめられたものの、それ以後に政策の具体的な詰めが行われた形跡はほとんどない。むしろ、新党の結成時期や党首の選出方法といった技術的な部分にばかり焦点が当てられていた。重視する政策などは、結成の後に順次検討される形がとられ、この党がまさに新選挙制度に対応するための容れもの作りであったことの表れといえる。

だが、これを単に「政策を後回しにした選挙対策」という批判的な視点でのみとらえるのは、適切ではない。非自民政党の大同団結には、「小選挙区制が中心の選挙制度に適応するには、自民党に対抗できるだけの大きなまとまりを作ることが望ましいが、そのためには内部に多様な勢力を抱えることが求められ、政策を曖昧にせざるをえない」というジレンマが構造的に存在する。この後も、野党第一党に常につきまとう深刻なジレンマが、ここに早くも現れているとみるべきだ。新進党結党にあたっては、政策よりも選挙への対応がひとえに優先されたのである。

ただし、新進党の基本理念や結党宣言の柱として、「たゆまざる改革」が掲げられたことは重要である。五五年体制下の社会党のように、イデオロギー色の強い主張は鳴りを潜め、自社さ政権よりも強い改革志向を持っていることを前面に掲げたのである。つまり、イデオロギーのような理念のレベルでは自民党と根本的な差はないものの、実務面で必要な改革を断行し、「よりよき統治」を実現できる政党であることをアピールする方向へと舵が切られたといえる。

なかでも、五五年体制の社会党が、自民党政権とは大きく異なる自衛隊違憲、非武装中立というイデオロギー色の強い外交・安保政策を掲げた状況からの変化は象徴的だった。そもそも村山内閣の発足と同時に社会党が方針を根本転換して、自衛隊の存在を認め、日米同盟を基軸とする自民党の方針に同化したこともあり、もはや政党間の主要な対立争点とはならなくなった。そこで新進党も、積極的な自衛隊の海外活動を自社さ政権以上に主張する勢力を抱えていたが、公明党などは慎重で、党として明確な方針を示さずとも済んだ。このことは結果的に、外交・安保政策においても、根本的な政策転換を志向するのではなく、よりよき方向に修正していく、すなわち現状維持を基本とする形が定着することを意味した。

理念の大転換ではなく、現状からの修正を目指す「よりよき統治」を政策の基本に据える路線は、大同団結政党ゆえの苦肉の策ともいえたが、その後の非自民政党結集に連なる重要な一歩ともなった。

3　新進党の苦闘と民主党の誕生

参院選での躍進

選挙目当ての寄り合い所帯という批判を受けつつも、新進党の船出は決して悪いものではなかった。

一九九五年七月の参院選で結党後初の大型国政選挙を迎えた新進党は、四六議席の自民党に次ぐ四〇議席を獲得した。これは改選一九議席からの倍増となり、とりわけ比例区では約一一〇〇万票の自民党を上回る約一二五〇万票を獲得、比例第一党となった。この選挙は、二〇二一年現在でも最低記録となる四四・五二％の低投票率を記録し、創価学会という固い組織票を有する新進党には有利に働いた部分がある。ともあれ、選挙への対応を第一に結成された党が、最初の大型選挙で結果を出したことで、党内外の新進党への懐疑的な見方を一定程度打ち消す効果を持った。

小沢vs.羽田

ただ、結党時に露わになった小沢と羽田の間の亀裂は、それぞれを支持する議員を巻き込み、やがて激しい党内対立へと発展した。新進党では、党首選出規程などの正式な党規約を、発足後一年となる一九九五年一二月の党大会で決めることにしており、海部党首の任期はその党大会までの最長一年となっていた。新たな党首選出規程の作成にあたって、一定額を支払った有権者に広く投票権を認める党首公選制を細川元首相が唱えるなど、議論が活発化する。

公選制は、表向きは党の開放性をアピールし、無党派層への働きかけを強めるためとされたが、現実には海部＝小沢執行部に批判的な議員らが主導した権力闘争の趣もあった。最終的には、党内の大勢が公選制実施に傾き、一〇〇〇円を支払った有権者は全員が投票できる国民参加型の党首選を一二月に実施すると決まった。同時に、幹事長は党首の指名とすることになった。

党首選は、続投に意欲を示す海部党首と、海部執行部に批判的な羽田を中心に展開されるとみられていた。だが、羽田が当選の暁には幹事長に小沢を指名しない意向であると報じられたことで（『朝日新聞』一九九五年一一月二四日付朝刊）、小沢本人に立候補を促す声が次第に高まりをみせていく。当初は立候補には慎重な姿勢をみせていた小沢であったが、最終的には立候補を促す議員らに自らの政策を受け入れることを条件として立候補を決断、党首選は小沢と羽田の直接対決となった。

小沢が掲げた政策は、一九九三年に出版した自著『日本改造計画』（講談社）をベースにしたもので、一九九七年四月に予定されていた消費税率の五パーセントへの引き上げは見送り、五年後に六パーセント、一〇年後に一〇パーセントに段階的に引き上げるとした。安保政策をめぐっては、自衛隊とは別に国連警察部隊を創設し、国連の平和活動に従事させる。行政制度では、中央省庁の一五への再編や、地方分権の推進、さらに全国の市町村を約三〇〇の市に再編するとした（以上、『朝日新聞』一九九五年一二月九日付朝刊）。消費税や安保政策など、党内にさまざまな意見があり、まとまりにくそうなテーマに一定の方向性を打ち出し、当選後の異論を封じる意図がうかがえる。

同時に、結党に際してあえて曖昧なままとした外交・安保政策ではっきりした路線を示すことは、党の結束を保つうえでの火種となる恐れがあった。自衛隊の海外での活動を拡大することには、新進党内に慎重な意見が根強くある一方、自民党の一部に賛同する向きがあるとも見込まれた。また、中央省庁再編や地方分権の推進など自社さ政権との改革競争で「よりよき統治」を目指すことに加え、短期的な消費増税の凍結と将来の増税を組み合わせることで、税制が与野党の対立軸として浮上する効果ももたらした。事実、新進党は一九九六年の総選挙で消費税率引き上げの凍結を含む大規模減税を打ち出す。改革の断行を唱えつつ、選挙対策として目先の増税忌避を掲げる小沢流は、この後の民主党でも繰り返されていく。

党首選の結果は、小沢が一一二万票余り、羽田が五六万票余りとなり、小沢の圧勝であった。しかし、選挙結果で自らの政策への異論を抑え、求心力を高めようという小沢戦略は、必ずしも奏功しなかった。党首選後まもなく、羽田を支持したグループが興志会を結成し、事実上の反小沢グループが作られた。これに、小沢を支えるグループと、前述したように組織を別途温存した公明を加えた三者が入り乱れ、新進党は一枚岩とはほど遠い状況に陥っていく。

住専問題でのピケ戦術

一九九六年一月には、村山首相が退陣し、自民党総裁の橋本龍太郎を首班とする内閣が新たに発足する。橋本内閣のもとで召集された通常国会では、住専処理問題が最大の政治課題となった。バブル崩壊で経営危機に陥った住専各社に投入する六八五〇億円を含む予算案と住専処理の方策に、反対の世論が盛り上がり、新進党は政府批判を強める。三月には衆院予算委員会室の入口を封鎖するピケ戦術をとったが、出口がみえないまま三週間が経過し、世論の批判は次第に新進党にも向けられる。

新進党のピケは三月二五日の与野党合意を受けて解除が決まるが、住専処理策そのものは温存される形で決着し、国会戦術としてのピケは奏功しなかった。折しも、ピケ実行中の三月十九日には、事態の打開を話し合うため、橋本首相と小沢党首のトップ会談が開かれた。会談自体は物別れに終わったものの、かつて旧竹下派でともに七奉行に数えられた二人の「接近」は、この後自民党と新進党という二大保守政党同士の協力、すなわち「保保連合」につながるとの憶測を生み、その可能性がこの後の政界に燻り続けていく。

ピケが奏功せず、党勢を思うように高められない小沢執行部に対しては、党内の反小沢グループの不満がたまっていった。他方、党外の二つの要素も新進党にとって逆風となった。一つは民主党の結成、もう一つは自民党による新進党議員の引き抜きである。

山花新党と社民党

この時期、自民党と新進党以外の政党もまた、大規模政党が有利になりやすい新選挙制度への対応を迫られた。具体的には、村山内閣以降に自民党と連立政権を組んでいた社会党・さきがけの両党である。社会党では、元委員長で細川内閣の政治改革担当相を務めた山花貞夫《やまはなさだお》らが、党内の議員グループ「新民主連合」を足場に、新進党結成と相前後する早期の新党結成を目指した。自民党でも新進党でもない、社民リベラル勢力を結集した第三極の新党を目指すというものだ。久保亘《わたる》書記長ら、社会党執行部は新党移行には同意したものの、党内には新党そのものへの反対論もあり、時期については定まらないままであった。

総論賛成、各論反対のまま新党への移行が遅々として進まない状況に業を煮やした山花は、新党結成に賛成する議員らと集団離党を画策した。しかし、実際に離党届を提出しようとしていた日に、阪神淡路大震災が起こり、対応のために離党の動きは頓挫《とんざ》を余儀なくされた（『朝日新聞』一九九五年一月一八日付朝刊）。山花らは一九九五年一二月に、日本新党から新進党に加わらなかった海江田万里《かいえだばんり》らと新党「市民リーグ」を結成する。

その後も社会党は党の解党と新党移行を謳いつつ、実際には何も起こせぬまま、一九九六年一月には党大会で党名を社会民主党と改めたものの、それは看板のかけ替えの意味しか持たなかった。一月一日には、社会党を離党した矢田部理《やたべおさむ》参院議員らによる新党「新社会党」も結成された。こうした社会党の状況を尻目に、さきがけの鳩山由紀夫《ゆきお》代表幹事を中心とした新党構想が走り始める。

「排除の論理」の末の第一次民主党

鳩山は、北海道知事を一九九五年四月まで務めた横路孝弘《よこみちたかひろ》らと政策集団「リベラル・フォーラム」を同年七月に結成するなど、山花や社民党の動きとは一線を画す形での第三極結成を模索した。しかし、実質的な第三極の母体は社民党とさきがけ両党となることが避けられないなか、新味をアピールしようとすれば新党が小ぶりになり、一定の勢力を確保しようとすると社民・さきがけによる選挙互助会の印象が強まるジレンマがここにも存在した。

鳩山は、一貫して社民党が丸ごと加わる新党には否定的で、目先の規模よりも新鮮味を重視する立場であった。しかし、余りにも小さな新党では、新選挙制度には適応できなくなってしまう。勢い、無所属や新進党などの議員の参加を期待することになる。具体的には、前出の横路や弟の鳩山邦夫《くにお》、新進党の船田《ふなだ》元《はじめ》らである。邦夫や船田は、もともと自民党に所属していたこともあり、社民党のリベラルカラーが前面に出ることや、村山や武村正義といった自社さ政権の中心人物が新党に加わること自体に抵抗感を持っていた。他方、新党に加わって生き残りの可能性を広げたい社民党やさきがけの幹部議員たちの思惑にも翻弄され、新党構想が具体化しない状況が続いた。船田は、こうした状況を嫌気して次第に新党構想と距離をとるようになる（『朝日新聞』一九九六年六月四日付朝刊）。

この一種の閉塞状況を破るキーマンとなったのが、さきがけの菅直人《かんなおと》である。菅は橋本内閣で厚相に就任し、薬害エイズ問題への対応で脚光を浴びて注目の政治家の一人となっていた。新党のイメージをよくしたい鳩山にとっては、菅の新党参加は重要な意味を持つ一方、内閣の一員でもあった菅は鳩山と武村の間に位置する存在でもあった。九月に入って新選挙制度下で初となる解散総選挙が近いという観測が広がるようになると、菅は鳩山らと新党「民主党（以下、必要に応じて第一次民主党と表記）」を結成する意向を固めつつ、武村らの民主党への参加を模索した（五百旗頭ほか編、二〇〇八b）。

しかし、鳩山は武村や村山の新党参加を拒む姿勢を崩さず、その様子はさながら「排除の論理」を振りかざしているとも指摘された（『朝日新聞』一九九六年七月一四日付朝刊）。自社

鳩山由紀夫（左） 1947年生まれ。86年、自民党から衆議院議員に初当選。93年、自民党を離党して新党さきがけ結党に参加。細川政権の内閣官房副長官に就任する。96年、民主党を結成し、菅直人と共同代表に。幹事長を経て、99年から2002年まで代表。幹事長を経て09年より代表に就任し、民主党政権で首相に。10年に辞職し、12年に政界引退。

菅直人（右） 1946年生まれ。80年、社民連から衆議院議員に初当選。94年、社民連を離党し、さきがけに加入。橋本政権で厚生大臣を務めた。96年、民主党を結成し、鳩山由紀夫と共同代表に。98年から99年、2002年から04年までも代表を務めた。民主党政権では副総理兼国家戦略担当大臣を経て、10年から11年まで首相。以後、民進党、立憲民主党所属。（1996年、AP/アフロ）

さ政権を支えてきた武村らにとっても、鳩山の民主党が野党色を強めることへの懸念があり、最終的には社民・さきがけ両党とも、所属議員の民主党への参加は容認するが、村山や武村ら幹部の一部はそれぞれの党に残留する形で決着し、民主党は一九九六年九月二二日に結成記念大会を開いた。二七日の衆院解散のまさに直前、駆け込みでようやく産声を上げたのである。民主党では、鳩山と菅が二人で代表に就任する二人代表制が採用された。

民主党の政策としては、「行政の質的改革、民主導の政治への転換により、自立した個人を基盤とする豊かな市民社会の創造」（『朝日新聞』一九九六年九月一二日付朝刊）を目指すとし、自民党や新進党などと同様に改革の実行を掲げるとともに、「市民」という言葉でリベラル寄りの姿勢を鮮明にした。外交・安保政策についてははっきりした方向づけは行わなかったものの、アジア重視を唱えるなど、自民・新進両党とは一線を画した。

一定の勢力拡大を目指すとはいえ、新進党のような大所帯ではなく、第三極として出発した民主党は、それゆえに現状にとらわれることなく「民主導＝市民が主役」「アジア重視」という比較的明確な理念を示すことができたのだ。

一九九六年総選挙

第三極としての民主党の船出は、先行して総選挙に向けての体制を整えつつあった新進党にとっても、少なからぬ打撃となった。民主党が村山や武村らと決別して野党色を強めたことで、非自民勢力の候補が分散する結果を招いたからである。総選挙では、三〇〇の小選挙区のうち一一五の選挙区で新進党と民主党の候補がともに立ち、不十分な候補者調整は自民党を利した。加えて、選挙直前には杉山憲夫《のりお》ら三名の現職議員を自民党に引き抜かれるという出来事もあった。自民党は、三名の議員を比例区単独の当選圏で処遇する。これは、選挙後に本格化する新進党議員の自民党への移動の先駆けとなった。

一九九六年一〇月二〇日に投開票が行われた新選挙制度下ではじめてとなる総選挙（定数五〇〇）は、自民党が二三九議席を獲得し、過半数には届かなかったものの、比較第一党を維持した。他方、新進党は四議席減の一五六議席でほぼ現状維持、民主党は公示前勢力と同じ五二議席にとどまった。連立与党の社民党は半減の一五議席、さきがけは七議席減のわずか二議席に終わり、事前に予想された通り小政党にとっては厳しい選挙戦となった。

総選挙後、社民党とさきがけは閣外協力に転じ、続投した橋本内閣は三年ぶりに自民党の単独政権となった。単独政権とはいえ、自民党だけでは過半数に届いておらず、政権基盤はそのままでは不安定であった。そこで、自民党が秋波を送ったのが新進党の議員たちであった。

他方、伸び悩んだ新進党では、総選挙直後に早くも首相経験者の細川と羽田が小沢に分党を持ちかけ、一度は合意されたと報じられるなど（『朝日新聞』一九九六年一〇月二三日付夕刊）、数々の不満はあれど選挙を名目に抑え込まれていた小沢執行部への批判が顕在化する。

4　終焉——非自民結集への教訓

保保連合の模索

細川や羽田こそ早期の離党を思いとどまったものの、総選挙直後から新進党を見限って離党する議員が相次いだ。一九九六年一〇月三〇日の米田《よねだ》建三《けんぞう》を皮切りに、高市《たかいち》早苗《さなえ》、笹川《ささがわ》堯《たかし》が一一月初旬までに離党し、三名は翌年五月末までにいずれも自民党に入党した。単独政権だが過半数に届かない自民党の引き抜き工作はその後も続き、総選挙前に新進党を離党していた石破《いしば》茂《しげる》などの無所属議員も加えて、ついに九七年九月五日、新進党を離党した北村直人《なおと》の入党で衆院の過半数を回復した。過半数回復後も引き抜きは続き、九七年だけで新進党から自民党に移動した衆院議員は北村を含め実に一三名にのぼる。

他方、九六年末には、総選挙直後には一旦離党を思いとどまった羽田が、衆院議員一〇名、参院議員三名の計一三名で集団離党して「太陽党」を結成した。羽田は、民主党と新進党に社民党も加えた非自民政党の結集を目指すとした。細川も、太陽党には同調しなかったものの、九七年六月一八日に新進党を離れ、年末に同じく新進党を離党して無所属になっていた樽床伸二《たるとこしんじ》や上田清司《きよし》らと新党「フロムファイブ」を結成する。

小沢執行部が続出する離党者に苦しむなか、一九九七年の通常国会で最大の焦点となったのが沖縄の在日米軍の軍用地強制使用をめぐる駐留軍用地特措法の改正である。この法改正をきっかけに、自民党と新進党の保保連合がにわかにクローズアップされる。駐留軍用地特措法改正をめぐっては、閣外協力に転じていた社民党が反対の姿勢を崩さず、参議院での可決に暗雲が立ち込めると、自民党は新進党に協力を求めた。

同年四月二日と翌三日には首相官邸で橋本首相と小沢党首による会談が二度にわたって行われ、改正案成立で合意された。党首会談後の記者会見で小沢は、「我々は野党だから何でも反対と言っているのではない。政府・自民党も本気でやろうというのなら、協力するのはやぶさかではない」と述べ(『朝日新聞』一九九七年四月三日付朝刊)、軍用地問題以外でも協力する可能性を示唆した。これは、遡ること一年、住専国会での橋本・小沢会談から燻っていた保保連合へ本格的に軸足を移す発言とも受け止められる。

保保連合は、政府・自民党内の権力闘争とも密接な関係があった。従来から自社さ政権を主導してきた加藤紘一《こういち》幹事長や山崎拓《やまさきたく》政調会長、野中広務《ひろむ》幹事長代理に対し、梶山静六《せいろく》官房長官らは、間近に迫った日米新ガイドライン(朝鮮半島有事などを念頭に自衛隊と米軍の関係深化を進める指針）の策定なども見据え、閣外協力に転じた社民党よりも新進党との連携に踏み出すべきだとの立場と目された。

これは、官邸と党の主導権争いとも連動して、旧竹下派で同じ釜の飯を食った梶山ら官邸中枢と小沢の双方にとってウィンウィンの路線変更でもあったのだ。これに対し野中は、衆院安保土地特別委員長として審議経過を報告した衆院本会議で、「審議が大政翼賛会のようにならないように」とくぎを刺すなど、保保連合への動きを強く牽制した（『朝日新聞』一九九七年四月一二日付朝刊）。この発言は、新進党などから問題視されてのちに議事録から削除された。

「純化路線」へ

小沢にとって、一九九六年総選挙で伸び悩んだ最大の原因は、「党のガタピシ」（『朝日新聞』一九九六年一一月一二日付朝刊）にあった。そこで、党としての基本政策を固めることで、求心力の回復を目指した。太陽党結成直後の一九九七年一月には、新進党が総選挙で公約した消費税率引き上げの凍結と所得・住民税の半減を柱とする一八兆円減税や、国連安保理事会の決議に基づく多国籍軍への参加を条件付きで認めることを盛り込んだ『日本再建』のための基本政策構想」をまとめ、同年九月にこれに基づく「日本再構築宣言」を確定させた。

こうした動きの背景には、折しも総選挙後に橋本首相が打ち出した行政改革・財政構造改革などからなる「六大改革」への対抗という意味づけ以上に、主に安保政策での自民党との連携を視野に入れつつ、政策を実現できるなら保保連合も排除すべきでないという論理が垣間見える。寄り合い所帯の新進党で、安保など党内に火種があるテーマで政策をまとめようとすると、必然的に対立が惹起《じゃっき》される。小沢周辺はこれを「純化路線」と称し、基本政策を半ば踏み絵として、賛同できない者の離党も辞さず保保連合への道筋を整えようとしたとも受け取れる。

しかし、保保連合の進展に期待をかける新進党の動きは、一九九七年秋までに自社さ派の加藤幹事長が留任する一方、保保連合推進派の梶山官房長官が退任するなど、自民党内で自社さ派が再び主導権を握ったことで、頓挫を余儀なくされる。いよいよ袋小路に陥った新進党では、一九九七年末の党首選を睨《にら》み、党内対立が激しさを増していく。

新進党の解党

かねて新進党では、一九九八年の参院選までには、公明に残存していた参院議員が合流する予定だった。しかし、低迷する新進党に見切りをつけるかのように公明はその方針を転換し、藤井富雄《とみお》代表が翌年の参院選の比例区は独自で戦う方針を示した（『朝日新聞』一九九七年一一月二一日付朝刊）。これを受け、当初の方針通りの合流か、選挙区での立候補予定者も含めて分党するかを求めた小沢と藤井の協議は平行線をたどり、問題が決着しないうちに党首選を迎えた。

九七年一二月一八日に投票が行われた党首選は、七月から民主党や太陽党などと連携して非自民勢力の結集を目指す「改革会議」に参加してきた鹿野道彦と、再選を目指す小沢との一騎打ちとなった。保保か、非自民結集かという軸に、公明問題が絡む分裂含みの展開のなか、小沢二三〇票、鹿野一八二票で小沢が再選された。

再選された小沢は、選挙後に合流見送り方針を正式に決めた公明の藤井代表に対し、改めて分党を提案し、公明側も受け入れる姿勢を示した（『朝日新聞』一九九七年一二月二五日付夕刊）。これを受け、小沢側は新進党を解党し、保守系の新党を結成する方針を固め、一二月二七日の両院議員総会で解党が了承された。自民党に対抗できる勢力を目指し華々しくスタートした新進党は、結成からわずか三年余りで、あっけなく終焉を迎えた。

新進党とは何だったのか

本章では、政治改革の成就とともに急務となった新選挙制度への適応のために、羽田内閣の連立与党が中心となって新進党に大同団結したものの、三年という短い期間で瓦解した経緯を振り返ってきた。

小沢一郎という特異な政治家の存在を抜きに新進党を語ることはできない。「剛腕」ともしばしば語られる小沢の「強権的な」政治手法への反発が、細川内閣から新進党の解党までの節目節目で浮かび上がってくる。

しかし、小沢との向き合い方がこの時期の政界に少なからぬ影響を与えたことは間違いないにしても、新進党という政党を小沢対反小沢という人間関係や政治手法をめぐる単純な図式のみでとらえるのは正しくないように思われる。本章でみてきたように、新進党が求められた背景には大政党を有利にする新しい選挙制度の存在がある。小沢自身や小沢の政治手法への不満は党内に充満しつつも、一九九六年の総選挙までは新進党が一定の凝集性を保ったのがその証左である。

だがここには、同時に落とし穴が存在した。大同団結政党である新進党にとって、政策の純化は凝集力の低下に直結する。しかし、政策面で曖昧さを残せば、自民党や民主党との差別化がうまくいかず、時の政権に目立った失政でもなければ、改革競争などで「よりよき統治」を訴えるだけでは支持が集まりにくい。そこで小沢は大規模減税というサービスを掲げたものの、これはむしろ「よりよき統治」の担い手として有権者に疑念を抱かれた。総選挙で伸び悩んだ新進党には急速に遠心力が働き、崩壊への道を進んでいく結果になった。

選挙で勝利できなかったために、政策を純化して自民党との連携へと踏み出した小沢サイドも、その小沢を批判しつつ民主党などと組んで再度非自民政党の結集に動いた反小沢サイドも、選挙を重視すれば党内の政策の違いに目をつぶらざるをえず、政策の一致を重んじれば選挙対応がうまくできないというジレンマに、別の形で向き合うよりほかなかったのである。そして、新進党の教訓は、ここで一度道を分かった両者が再合流する民主党の挑戦に、少なからず生かされていく。

第3章　三つの民主党——1998〜2005年

1　第二次民主党の伸長

四分五裂する新進党

一九九七年末の新進党党首選で再選された小沢一郎が解党を決定したことで、同党所属議員は突如行き場を失った。これにともない、受け皿となる新党の結成は文字通り喫緊《きっきん》の課題となった。

小沢執行部の構想は、公明系の分党を口実に、執行部に批判的な一部議員を排除する一方、党首選で小沢支持に回った議員の大部分で保守系の新党を結成するというものであった。当初は少なくとも一〇〇人規模での新党移行を考えていたところ（『朝日新聞』一九九七年一二月二六日付朝刊)、旧所属政党単位での新党移行を目指す動きが相次ぎ、その目論見《もくろみ》は外れた。最終的に、小沢を支持するグループが結成した自由党(衆院四二名、参院十二名、計五四名)、公明系のうち、衆院議員が集まった新党平和(三七名)、参院議員による黎明クラブ(一八名)、旧民社党系の新党友愛(衆院一四名、参院九名、計二三名)、党首選で小沢と争った鹿野道彦を中心とした「国民の声」(衆院一五名、参院三名、計一八名)、小沢辰男《たつお》元厚相らによる改革クラブ(衆院九名、参院三名、計一二名)の六党に分かれる結果となった。これにより、衆院で五二名、参院で一七名の勢力だった民主党が野党第一党に躍り出る。

民主党への再結集

だが、このような小さな勢力が乱立する状態では、一九九八年七月に予定されていた参院選はおろか、次期総選挙で勝負にならないことは目にみえていた。この状況を前に、新進党から野党陣営の主導権を棚ぼたで握った民主党の動きは素早く、早速、通常国会までに、先に新進党を離れていた太陽党やフロムファイブらに加え、新党友愛、国民の声と民主改革連合(八九年参院選で当選した野党系の議員を中心に結成された連合の会に源流があり、そのほとんどが落選した九五年以降は土肥隆一《どいりゅういち》ら衆院議員数名が所属していた)の六党で統一会派「民主友愛太陽国民連合(民友連)」をスタートさせた。一月二三日には、このうち国民の声、太陽党、フロムファイブが結集して「民政党」を結成する。

民友連は、当初から野党勢力が再結集する新党の準備段階という側面があった。主に官公労系の労組が推す民主党と、旧同盟系の民間労組が推す新党友愛が合併すれば、労組の頂上団体である連合にとっては願ってもない展開となる。ただ、労組の都合という内向きの論理や、選挙のための容れもの作りと受け取られる形で新党を結成すると、有権者の支持は集まらず、新進党の二の舞になるという慎重意見も存在した（『朝日新聞』一九九八年二月八日付朝刊）。だが、目前に迫った参院選への対応を考えると、新党結成待ったなしという方向に傾き、三月一二日には民主党が民政党、新党友愛、民改連の三党を吸収合併する形で新「民主党（以下、必要に応じて第二次民主党と呼称）」を結成することで合意した（『朝日新聞』一九九八年三月一三日付朝刊）。

第二次民主党は四月二七日、衆院九三名、参院三八名の計一三一名の勢力で船出した。代表には第一次民主党の菅直人がそのまま座り、幹事長には羽田孜民政党代表が就任した。菅は結党の統一大会で、「自民党を除くすべての政党に、政策的な協力や選挙の協力、さらに将来の政権連合も展望する話し合いを呼びかけたい」と述べ、公明系などを念頭に連立による政権樹立を目指す方針を明らかにした（『朝日新聞』一九九八年四月二八日付朝刊）。最大野党とはいえ、新進党にも及ばない勢力での出発となり、当面の目標としては連立政権を掲げざるをえなかった。

第二次民主党発足にあたっての世論調査では、同党に期待しているかという質問に対し、「期待している」と答えたのは三三パーセントにとどまり、「期待していない」の五二パーセントを下回った（『朝日新聞』一九九八年四月二七日付朝刊）。同調査では、政党支持率も九パーセントで、自民党の三二パーセントに大きく水を空けられ、結党当初の第二次民主党への世論の視線は必ずしも温かいものではなかった。

第二次民主党は、基本理念として「民主中道」を掲げ、第一次民主党の官僚主導政治の否定を継承しつつ、地方分権や規制緩和による市場原理重視の政策の一方で、リベラル系議員の求める福祉政策とのバランスも重視した（『朝日新聞』一九九八年三月二五日付朝刊）。外交・安保政策は、第一次民主党のアジア重視と民政党系の日米同盟重視を合わせた玉虫色の方向性となった。

大同団結にともない、経済政策の面では第一次民主党の「市民」から、都市部の無党派層をメインターゲットとする中道へとシフトしたといえる。他方、外交・安保政策では、明確な方向性を打ち出したというより、幅広い政策志向の議員が集まったことで、結果として平均が中道に寄ったという方が実態に近いだろう。

都市部の無党派層に訴える戦略は、当時は地方への利益誘導に熱心というイメージもあった自民党との差別化という意味では有効だったが、衆参とも地方により手厚い定数配分となっていることを考えると、政権交代のためには両刃の剣だった。

参院選での自民惨敗

参院選を見据え急ごしらえで作られたようにもみえる第二次民主党であったが、迎え撃つ橋本内閣にも弱みがあった。一九九七年は、一一月に山一證券や北海道拓殖銀行などが経営破綻《はたん》に追い込まれる金融危機が起こり、バブル崩壊後の経済低迷も極みに達した感があった。

他方で、六大改革を掲げる橋本内閣は、財政構造改革の一環で緊縮財政に打って出ていたものの、急速な金融不安の高まりに対応するため、一九九八年五月にはこれを軌道修正するなど経済財政運営に苦慮していた。参院選期間中には、景気対策としての恒久減税をめぐる首相自身の発言のぶれも指摘され（『朝日新聞』一九九八年七月七日付朝刊）、事前の情勢調査で堅調と予測されていた自民党が四四議席にとどまり、参院での過半数割れを起こした。社民党は五議席、さきがけは議席ゼロに終わった。

民主党は、自民党の苦戦に乗じる形で二七議席を獲得し、改選一八議席から伸長した。黎明クラブと参院公明が合併してできた公明は九議席（改選一一議席）、小沢率いる自由党は六議席（改選五議席）という結果であった。これにより、民主党は新進党に代わって非自民政党の一番手としての地位を固めたが、それ以上に大きな意味を持ったのが自民党の参院過半数割れであった。いわゆるねじれ国会状態に直面した自民党は、橋本に代わって首相に就任した小渕恵三内閣のもとで、国会運営に苦しむことになる。

2　自由党の連立参加と離脱

自自連立政権

一九九八年秋の臨時国会は、俗に金融国会と呼ばれ、経営難に陥った日本長期信用銀行の処理策などの金融危機対策に焦点が当てられた。参院で過半数割れを起こしていた小渕内閣は、焦点の金融関連法について民主党案の丸呑みを強いられた。会期末には、防衛庁の調達実施本部での背任事件をきっかけに、額賀福志郎《ぬかがふくしろう》防衛庁長官に対する問責決議案が可決され、辞任に追い込まれるという出来事もあった。

自民党にとって、最重要法案での野党案の丸呑みや閣僚の辞任を強いられた臨時国会での経験は、参院対策が急務であることを如実に示すものとなった。他方、金融国会では野党間の足並みの乱れも目についた。金融関連法では、民主、自由、新党平和の主要野党が協調して丸呑みを迫ったが、それに続く金融早期健全化法では、自由党と新党平和が賛成に回り、反対した民主党と対応が分かれた。これは、金融再生問題は「政局にしない」として、この問題に絡めての政権打倒に積極的ではなかった菅民主党代表に対し、小沢らが不満を蓄積させた結果、民主党を見限って自民党との連携に舵を切ったことを意味した（『朝日新聞』一九九八年一一月二三日付朝刊）。将来の政権交代も見据え、責任ある野党として重要課題を政局から切り離そうとした菅と、それでは政権交代などままならないと考える小沢の対照性は興味深い。

自民党は、野党間に亀裂が走ったこの機を逃さず、自由党に対して連立協議を持ちかけ、一一月一九日には小渕首相と小沢党首のトップ会談で基本合意に達した。参院選での大敗を受け、かつて自社さ派の中心人物の一人として保保連合を批判していた野中広務官房長官が、「小沢さんにひれ伏してでも国会の審議にはご協力頂きたいと思っている」（『朝日新聞』一九九八年八月七日付朝刊）などと自由党に秋波を送ったことも、自自連立を後押しした。

自自連立政権は、一九九九年一月一四日に正式に発足した。連立にあたっての政策合意では、閣僚数を一八に減らすことや副大臣の創設、政治家である大臣に代わって官僚が国会答弁する政府委員制度の廃止、衆院の比例代表部分の定数削減、新ガイドライン関連法の成立を目指すことなどが盛り込まれた。小沢は、連立に際して「『もし約束が実行されないならこの（連立の）話はなかったことにしていただきたい』と申し上げ、首相も『約束は守る』

と話した」（『朝日新聞』一九九九年一月六日付朝刊）と述べるなど、あくまで自由党の政策を実現するための連立だという立場を繰り返し強調したが、この姿勢が後に連立政権の火種となる。

自自公連立へ

こうして自自連立政権は発足したものの、参院での勢力をみれば、両党を合わせても過半数には達せず、ねじれ状態が解消されたわけではなかった。政権の安定運営のためには勢い、もう一つ別のパートナーを必要とする。そこでターゲットとなったのが公明党である。

一九九八年一一月に衆院の新党平和と参院の公明が合併し、四年ぶりに復活を遂げた公明党だが、それ以前から自民党との関係改善を視野に入れていた。新進党時代に政教分離の観点から自民党に追及を受けたことも背景にあり、金融国会では自由党と同じく金融早期健全化法の採決で賛成に回り、民主党とは一線を画す対応をとった。しかし、いきなり自民党との関係を深化させ、連立にまで踏み込むことには支持者などの間に抵抗もあったため、自由党に比べると慎重な姿勢を維持していた（中北、二〇一九）。

そこで自民党は、自由党との連立をいわば露払いとして、二段階で公明党との連携を深めていくことを狙った。自自連立政権下の一九九九年の通常国会で審議されたガイドライン関連法では、自自両党に公明党も加わった修正協議で合意して成立にこぎつけ、通信傍受法など組織的犯罪対策三法、国旗・国歌法なども同じ枠組みで成立させた。これらの法案はいずれも公明党の支持母体である創価学会も含めて異論も少なくなかったが、難しい法案を自自公の協力で次々成立させたという既成事実を積み上げ、七月には公明党が連立政権への参画を決断し、創価学会も追認する(『朝日新聞』一九九九年七月一四日付朝刊)。

一〇月、自自公連立政権が正式に発足する。こうなると、宙に浮いてしまうのが自由党の扱いである。先に述べたように、自自では参院の過半数に満たないが、自公では超えるため、自由党は少なくとも数の上では不要な存在となってしまう。自自公連立のスタートは、すなわち自由党にとっては自らのバーゲニング・パワー(交渉力)が急落し、存在意義が問われてしまうことを意味していた。

小沢戦略の破綻

そもそも、小沢にとっての自自連立とは、単独では実現が難しい自らの政策を、参院で自民党に協力することと引き換えに実現するための手段という側面を持っていた。政策を純化して、少数政党を率いることになった以上、政策の実現は小沢にとって譲れない一線だった。自民党の大勢が容認しづらい政策を突きつけることで、分裂含みの政局を作り出してあわよくば保守再編につなげる意図も隠されていただろう。しかし、公明党の連立参加により自民党の側は自由党に譲歩する必然性がなくなる。畢竟《ひっきょう》、自民党の自由党に対する態度は冷淡になり、それが余計に小沢の態度を頑なにするという悪循環に陥っていく。

たとえば、自自連立の際の政策合意のうち、公明党の意向と反する衆院選比例区の定数削減問題こそ、五〇議席削減だったものを二〇議席減にとどめて実施することになったが、法案の成立は二〇〇〇年の通常国会までずれ込んだ。介護保険制度の見直しや、選挙協力の推進などでもことごとく自自両党が対立し、そのたびに自由党は連立離脱をちらつかせて実現を迫った。並行して、自由党を丸ごと自民党に合流させるよう求めるなど（『朝日新聞』一九九九年一一月一〇日付夕刊）、小沢の揺さぶりは絶え間なく続いていたといってよい。しかし、これらはいずれも実を結ばず、連立与党内で自由党の孤立は深まった。

ついに二〇〇〇年四月一日には、小渕首相と小沢、神崎武法《たけのり》公明党代表との間で党首会談が開かれ、合意した政策の早期実現を迫る小沢に対し、小渕と神崎は不可能である旨を回答し、自由党の連立離脱が事実上決まった。この日の夜、体調不良を訴えて入院した小渕は、そのまま意識を失い、五月一四日に帰らぬ人となった。

小沢の連立離脱方針について、自由党内ではこれに反対する声も相次ぎ、連立残留派は保守党を結成して小沢と袂《たもと》を分かった。自由党は小沢とともに連立を離脱した二四名（衆院一九名、参院五名）と、新たに自民・公明両党と連立政権を発足させた「保守党」（衆院二十名、参院六名）に分裂した。新進党末期以来の、自民党との連携を入口に、政策の実現を旗印に掲げつつ同党を巻き込む形で保守陣営の再編に踏み出そうという小沢の戦略は、ここに破綻したのである。

森内閣の不人気と加藤の乱

小渕の急病と自由党の連立離脱を受け、後継に森喜朗《よしろう》自民党幹事長を担いだ自公保連立政権が発足してから二カ月、新選挙制度で二回目となる総選挙が実施された。森首相の失言が相次いだこともあり、自民党は二三三議席（三八議席減）、公明党三一議席（一一議席減）、保守党七議席（一一議席減）と連立与党はいずれも議席を減らしたものの、国会での委員会運営を安定的に行える絶対安定多数は確保した。野党では、民主党が一二七議席（三二議席増）、自由党は二二議席（四議席増）となった。

とりわけ民主党は、政権交代にはほど遠い議席数に終わったものの、都市部を中心に一定の存在感をみせ、さらなる党勢拡大への期待を維持する結果になった。さきがけは、この選挙で代表の武村正義らが落選して所属議員がいなくなり、参院議員の中村敦夫《あつお》が加わることでかろうじて存続し、二〇〇二年一月には中村を代表とする「みどりの会議」に生まれ変わった。

秋には、総選挙後も一向に支持率が上がらない森内閣に対し、退陣を迫る動きが足元の自民党内から出た。加藤紘一元幹事長らが仕掛けた、いわゆる「加藤の乱」である。加藤の乱は、民主党など野党が提出しようとしていた内閣不信任案に自民党の一部が同調しようとするもので、菅民主党幹事長は加藤と、自由党代表の小沢は加藤の盟友である山崎拓とそれぞれ連絡を取り合うなどしていた（『朝日新聞』二〇〇〇年一一月二二日付朝刊、二〇〇〇年一二月一四日付朝刊）。「乱」の最中、加藤は不信任案に賛成しても離党はしないと言明し続けたが、状況によっては再編含みの連携もありうる局面ではあった。ただ、最終的には自民党執行部に自派閥を切り崩されて加藤の乱は失敗に終わり、ここでの再編は幻となった。

加藤の乱こそ鎮圧したものの、森内閣の評判が高まったわけではなく、このままでは二〇〇一年夏に迫った参院選は戦えないという雰囲気が次第に自民党内を覆うようになる。二月には、愛媛県の漁業実習船えひめ丸とアメリカの原子力潜水艦の衝突事故がハワイ沖で起こり、事故の一報後もゴルフを続けた森首相への批判がさらに高まった。直後の世論調査で内閣支持率が九パーセントにまで低下し（『朝日新聞』二〇〇一年二月一九日付朝刊）、早期退陣は不可避となり、三月七日には森首相が事実上の辞意を固めたと報じられた（『朝日新聞』二〇〇一年三月七日付朝刊）。

3　第三次民主党と政権選択

小泉内閣の誕生

森の後継を選ぶ自民党総裁選は、党員票など地方票の比重が重い制度で実施され、国会議員票では不利と思われた小泉純一郎が地方票で圧勝して当選した。従来の派閥の論理を覆し、いわば国民の人気に押し上げられて四月二六日に首相に就任した小泉に、世論は熱狂した。小泉内閣発足当初の支持率は七八パーセントと記録的な高水準となり（『朝日新聞』二〇〇一年四月三〇日付朝刊）、そのままの勢いで臨んだ二〇〇一年七月の参院選で、自民党は六四議席（改選六一）を獲得して大勝を収めた。ただ、民主党も改選二二議席から四議席増の二六議席を確保し、自由党も改選三議席から倍増して六議席と一定の結果を残した。

その後も高い支持率を維持し続けた小泉内閣は、翌二〇〇二年一月に田中眞紀子《まきこ》外相を更迭したことで支持率が急降下したが、それでも四九パーセントを保った（『朝日新聞』二〇〇二年二月四日付朝刊）。その後も同水準の支持率で推移したが、同年九月には北朝鮮への電撃訪問により、再度支持率が上昇に転じるなど、歴代政権と比較して高い支持率を維持し続けた。内政面でも、公共事業の削減や民営化の推進など、「小さな政府」路線を推し進め、従来の自民党が軽視しがちだった都市部の無党派層をも引きつける政策へと転換した。

埋没する民主党と合併構想

こうしたなか、民主党は存在感を示せず、埋没気味となった。とりわけ、第二次民主党が結党からターゲットにしてきた都市部の無党派層が小泉内閣を好感するなか、戦略の練り直しを余儀なくされた。二〇〇二年一〇月には党支持率が五パーセントまで落ち込むが（『朝日新聞』二〇〇二年一〇月一〇日付朝刊）、次々繰り出される「小泉劇場」を前に、打開策を見つけるのは容易ではなかった。

二〇〇二年九月には代表選が実施され、一九九九年から代表を務めてきた鳩山由紀夫が、菅らを僅差で破って再選されたが、直後の党役員人事で躓《つまず》いた。鳩山は、代表選の際に鳩山支持で旧新党友愛系のグループをまとめ、自身の再選に貢献した中野寛成《かんせい》を幹事長に指名して、露骨な論功行賞であるとの批判を浴びたのだ。党内外から湧き上がる激しい批判に対し、鳩山が模索した窮余の一策が、自由党や社民党との合併構想であった。

一一月二九日、鳩山は小沢と会談し、「小泉政権を打倒し、真の二大政党制をつくるために野党勢力を結集しなければいけない」と合併を要請したのに対し、小沢は「政権交代のためには次の総選挙で勝利しなければならない。鳩山代表の崇高な目的と勇気ある決断にどのような協力も惜しまない」と協力する意向を示した（『朝日新聞』二〇〇二年一一月三〇日付朝刊）。しかし、党内合意を経ずに独断で小沢との会談に臨んだ鳩山の手法への批判が民主党内で高まり、この構想は早々に頓挫し、一二月三日に鳩山は代表辞任を表明する。

一二月一〇日の代表選で、後継の代表には菅が選ばれる。しかし、鳩山の物事の進め方に批判はあれど、好調な小泉政権に対峙し、翌年にも予想される総選挙を見据えると、野党の大同団結による結集は民主党に残された数少ないカードであることは否定できなかった。事実、菅代表が誕生した直後には、熊谷弘《くまがいひろし》ら五名が民主党を離党、保守党の一部と合流して「保守新党」を結成する動きに出るなど、民主党の行く末を不安視する声が表面化した。この際、保守党の野田毅《たけし》と小池百合子《ゆりこ》は、自民党に転じた。

小沢は、こうした民主党の事情も見越して、二〇〇三年の年明けから菅に新党構想への見解を尋ねるなど活発な動きをみせた（『朝日新聞』二〇〇三年一月一八日付朝刊）。両党は一月下旬から総選挙の小選挙区での候補者調整を本格化させ、連携強化に乗り出す。四月の統一地方選を経て、民主党は五月下旬、自由党に対し統一会派の結成を提案したが、合流と切り離しての統一会派は受け入れられないとして、小沢はこれを拒否した（『朝日新聞』二〇〇三年五月二七日付朝刊）。小沢への警戒心から、合併に踏み出せない民主党の党内情勢に鑑みれば、民主・自由両党の合流は、ここに潰《つい》えたかにみえた。

民由合併の意味

だが、二〇〇三年秋にも総選挙の実施が囁かれるなか、やはり無視できないのが選挙への対応という現実的要請であった。菅は、民主党の人事や政策をそのままとし、事実上の吸収合併となる両党の合流を再度小沢に持ちかけた。同じく選挙を見据える小沢はこれを受け入れ、七月二三日、菅と小沢の会談で両党の合併が基本合意された（『朝日新聞』二〇〇三年七月二四日付朝刊）。

自自公連立時は自らの政策実現に執念を燃やした小沢であったが、ここでは民主党の政策丸呑みを決断した。小沢は、自由党が保守党との分裂を経てますます少数勢力となるなか、自民党との連立ももはや困難であり、再度大同団結に舵を切ったのである。

九月二四日には、両党が合併協議書に調印し、衆参あわせて二〇四名の議員からなる「民主党（以下、必要に応じて第三次民主党と呼称）」が誕生した。これは、自民党、新進党に次ぐ「第三極」として結党された第一次民主党が、新進党の解党にともなって最大野党の第二次民主党になり、ついには野党陣営を糾合して自公に対抗する政治勢力にまで拡大したことを意味する。

政治改革には、小選挙区中心の選挙制度を導入して政権交代可能な政党システムへの転換を目指したという一面がある。しかし、導入直後には中選挙区時代に存在した政党の流れがあり、新進党が結成されても第一次民主党が現れるなど、所期の目的を達成するまで時間を要した。民由合併によって、自民・公明両党の連合と、第三次民主党が政権をかけて向き合う二大勢力体制が完成したことで、その目的がようやく実現したともいえる。その意味で、民由合併は政界再編の画期となる出来事であった。

マニフェスト選挙

民由合併の結果、二〇〇三年一一月九日の総選挙は政権選択の意味合いが濃くなり、小泉首相の続投か菅内閣への政権交代かを問うものとなった。ここで民主党が活用したのがマニフェスト（政権公約）というツールである。民主党は、それまでの選挙で示されてきた総花的な選挙公約とは一線を画し、具体的な数字を交えたマニフェストを提示して、これは国民との契約であると訴えた。マニフェストは、それまで与党を経験したことはなく、政権担当能力に疑問符がつけられることも少なくなかった民主党にとって、自らが政権を担いうる存在だと有権者にアピールするという意味もあった。都市部の無党派層に支持されやすい「改革の担い手」というイメージを小泉自民党に奪われ、方向性を見失いつつあった民主党にとって、民由合併とマニフェストは反転攻勢の一手となる。

二大勢力が事実上はじめて向き合った選挙戦では、民由合併の効果もあり、三〇〇ある小選挙区のうちの九割近くにあたる二六七名の公認候補を民主党が擁立した。これは、それぞれ一九九六年に二三五名、二〇〇〇年に二四二名の擁立にとどまった新進党や第二次民主党に比べて多い数字である。

選挙結果は、自民党が一〇議席減の二三七議席となり、単独過半数（二四一議席）には届かなかったが、公明党の三四議席と合わせて絶対安定多数を確保した。民主党は、公示前から四〇議席伸長して一七七議席を獲得し、比例代表では約二二一〇万票を得て自民党の約二〇七〇万票を上回るなど、伸長した。総選挙後、改選九議席から四議席に減少した保守新党が自民党に合流し、連立政権の枠組みが自公保から自公となった。

民主党が、高い支持率を誇る小泉内閣を相手にしてもなお、議席を伸ばせたのは、大同団結の戦術的な意義を示したといえる。他方、トータルとしてみれば自公の後塵《こうじん》を拝したことで、単なる容れもの作りとマニフェストだけでは不十分で、政権交代にはもう一歩の脱皮が必要であるという限界も露わになった。

そこで、政策面でのテコ入れが図られることになった。民主党では、民由合併でますます政策面での雑居感が増し、特に外交・安保政策では改憲を主張する議員から、社会党出身で護憲派の議員までが幅広く同居していた。これでは政権担当能力に疑問符がつきかねないと、総選挙後に代表代行となり、改憲による武力をともなう国際貢献に積極的な小沢と、護憲派の重鎮である横路孝弘副代表との間で、自衛隊とは別に国連待機軍を創設して国際協力の体制を整えつつ、自衛隊は専守防衛に専念するという合意が図られた（『読売新聞』二〇〇三年一一月二五日付朝刊）。翌年一月の党大会で、菅代表もそれを追認して党の政策とする意向を示すなどした。これにより、民主党の政策がより右側、すなわち中道寄りにシフトした。

4　郵政解散

年金未納問題と参院選

二〇〇四年の通常国会で最大の焦点となったのは、年金改革であった。ここで複数の閣僚らに年金の掛け金が未納の期間が存在することが問題となり、民主党は菅を先頭にこれを激しく批判したが、当の菅にも未納期間が存在することが判明し、批判が強まった。五月七日には、小泉内閣の屋台骨だった福田康夫《やすお》官房長官が自身の未納を理由に辞任し、機先を制された形の菅も五月一〇日に辞任表明を余儀なくされた。

菅は同時に、自民・公明両党との間で五月六日に三党合意を結び、先の総選挙で民主党のマニフェストにも掲載した年金一元化について、「一元化問題を含む社会保障制度全般の一体的見直し」を行い、二〇〇七年三月をめどに結論を得るとした（『朝日新聞』二〇〇四年五月七日付朝刊）。ここには、追い詰められた菅の窮余の一策としての側面もうかがえる反面、国民の関心が高い年金問題で民主党の主張を実現して政権担当能力をアピールしようという狙いも透けてみえる。

菅の後継には、七月に参院選を控えていることもあり、小沢代表代行を推す声が強かった。そこで、一度は小沢の就任が内定したが、直後に小沢にも年金未納期間が存在すると判明して、岡田克也《かつや》幹事長が無投票で就任した。

七月の参院選では、自民党が公示前から一議席減の四九議席、民主党は一二議席増の五〇議席と、民主党が改選第一党となった。一人区では与党の一四勝に対して野党が一三勝と肉薄したうえ、比例区では自民党の約一六八〇万票に対して、民主党は約二一一〇万票と、前年の総選挙に続いて民主党が上回った。非自民政党が改選第一党となったのは一九八九年以来のことであり、代表の交代を経てもなお、民主党に期待する声は、持続傾向にあったといえる。

自民の大勝、民主の惨敗

参院選後、小泉首相はいよいよ自身の悲願である郵政民営化の実現に踏み出した。しかし、元来特定郵便局長会などと深い関係を結んできた自民党内からは、首相の方針に公然と反対する声が上がった。二〇〇五年、通常国会時の自民党の郵政民営化関連法案の事前審査では、総務会が紛糾し、全会一致の原則を逸脱して多数決で承認するという異例の展開となった。反対派は、これでは党議拘束をかけることを認められないとして、七月五日の衆院での採決で三七名が反対、一四名が棄権して造反し、五票差でかろうじて可決されて参院に送られた。

参院では、八月八日に採決が行われ、自民党から二二名が反対、八名の棄権が出て一七票差で法案が否決された。小泉首相は直ちに衆院を解散し、国民に信を問うことを決断した。衆院での採決で造反した議員には自民党の公認を与えず、自らの政策に賛同する党公認の対立候補を送り込む刺客戦術で、解散総選挙はさながら小泉劇場の様相を呈した。

自民党からは、こうした小泉の方針に反対する一部の議員が党を飛び出す決断をし、亀井静香《しずか》や綿貫民輔《わたぬきたみすけ》ら五名（衆院議員三名と参院議員二名）が八月一七日に「国民新党」を、小林興起《こうき》や荒井広幸《ひろゆき》ら四名（衆院議員三名と参院議員一名）が田中康夫《やすお》長野県知事を代表に担いで八月二一日に「新党日本《にっぽん》」を結成した。政策を理由にした自民党の分裂は、一九九四年四月の自由党（旧）や新党みらいの結成以来、実に一一年ぶりの出来事であった。

なお、両党の結成にあたっては、当初四名の参加にとどまり、そのままでは国会議員五名以上という政党要件を満たせなかった新党日本に、先に結党していた国民新党の長谷川憲正《けんせい》参院議員が八月二四日に移籍して公職選挙法上の政党要件を満たすという苦肉の策がとられた。前日の二三日に、国民新党に自民党からもう一名の衆院議員が加わることになり、政党要件に一名余裕が出たことによる措置となったが、いかに郵政民営化反対という共通項がある両党とはいえ、ご都合主義にも映る移籍は、突然の解散によるドタバタ劇を印象づけた。

この間、民主党はどうしていたか。二〇〇三年総選挙、翌年の参院選と一定の好結果が続いていたこともあり、自民党が分裂状態で総選挙に突入すれば、政権交代の可能性が高まるという期待があったことは間違いない。しかし、これまで自民党との差別化という観点から、しがらみの多い自民党には手が出しにくい改革の実現を訴えるというスタンスをとってきたにもかかわらず、郵政民営化問題では曖昧な姿勢に終始したことが仇となり、解散総選挙では民営化推進の小泉自民党と反対の造反組という対立構図のなかで埋没してしまう。

九月一一日の総選挙で、自民党は二九六議席を獲得し、地滑り的な大勝を収めた。民主党は六四議席減らす一一三議席と惨敗に終わり、自民党を離れた国民新党は四議席と現状維持、新党日本は二議席減の一議席となった。郵政法案の採決で造反し、自民党の公認を得られず立候補した無所属候補は一三名が当選したが、選挙前からは半減した。総選挙後、郵政民営化関連法は参院も含めて速やかに可決、成立し、小泉首相の執念が実る結果になった。

惨敗民主はなぜ崩壊しなかったか

結党以来、他党の議員を飲み込みながら三次にわたって勢力を拡張しつつ、大型国政選挙でも一貫して議席を伸ばし続けてきた民主党にとり、初の敗北によって、徐々に手繰り寄せてきた政権交代という目標が一気に遠のいたかにみえた。

新進党の経験を踏まえれば、このことは最大野党にとって重要な意味を持っている。選挙で勝利して政権を獲得するために、政策的な小異を捨てて大同につくというのが最大野党の団結の実利的な目的である。したがって、唯一にして最大の目的である総選挙に敗れた途端、遠心力が働いて新進党は崩壊していった。郵政解散で大敗した民主党が新進党と同じ道を歩む可能性もあったはずだが、現実にはそうはならなかった。

総選挙での敗北後も、民主党の凝集性が維持されたのは、二つの理由によると考えられる。一つには、民由合併によって野党陣営が糾合されていたため、党外に連携できそうな勢力が見当たらなかったことである。新進党の折は、第三極としての第一次民主党が存在したが、二〇〇五年の時点でそのような党は存在しなかった。

もう一つの理由は、自民党の勢力が圧倒的だったことである。一九九六年は、自民党が単独過半数に届いておらず、それまでの連立パートナーだった社民党とさきがけが閣外協力に転じて政権基盤に不安があった。そこで新進党の議員を引き抜くインセンティブが自民党にあったが、二〇〇五年には二九六議席という圧倒的な議席を獲得したこともあり、そのようなインセンティブはない。参院を見渡しても、公明党との連立で過半数を維持できており、引き抜く必要はない。そもそも、参院は解散がなく、比例区選出議員も四割ほどを占めているので、引き抜きは衆院議員ほど簡単ではない。

このように、政党間の競争の構図が新進党と民主党では大きく異なっていたことが影響し、民主党は凝集性を保てた。さらに、自民党の自滅ともいうべき外的条件の変化も相まって、民主党の冬の時代は、思いのほか早く終わるのである。

第4章　政権交代へ――2005～2009年

1　小沢代表の登板

堀江メール事件

民主党では、二〇〇五年の郵政選挙での大敗を受け、岡田克也代表が辞任し、後任には当時四三歳の前原誠司が菅直人を僅差で退けて就任した。自公との圧倒的な議席差を前に、若くフレッシュな前原体制で党の立て直しを目指したが、翌二〇〇六年の通常国会で、大きな躓きが待っていた。いわゆる堀江メール問題である。

二〇〇六年一月一六日、六本木の情報通信会社・ライブドアに東京地検特捜部の家宅捜索が入った。ライブドアは、ニッポン放送株の買収によりフジテレビ支配を試みるなど、社長の堀江貴文《たかふみ》の派手な立ち回りも相まって大きな注目を集めたベンチャー企業であった。堀江は前年の総選挙の際、郵政造反議員の中心人物の一人である国民新党の亀井静香のいる広島六区から無所属で立候補し、武部《たけべ》勤《つとむ》自民党幹事長らから応援を受けており（結果は落選）、政権との関係も浅くなかった。そこで、この家宅捜索をきっかけに、一月二三日に堀江らライブドアの経営陣が逮捕されると、通常国会の一大イシューとしてライブドア問題が取り上げられるようになる。

　二月一六日の衆院予算委員会で、民主党議員が堀江と武部幹事長の関係を示すメールを暴露し、政権を追及した。総選挙への立候補にあたり、堀江が武部の次男にコンサルタント費用として三〇〇〇万円の振り込みを行うよう指示したという内容であったが、当の武部など政権幹部は一様に強く関与を否定した。民主党側はメールのコピーを公開するなど信憑性《しんぴょうせい》を主張したが、かえって偽物であるとの観測が強まり、最終的には民主党側もそれを認め、謝罪に追い込まれた。前原は、当初このメールを本物であると主張して当該議員を庇《かば》うなどしたため、強い批判を浴び、三月三一日に一連の問題の責任をとって代表を辞任すると表明した。

小沢の変身

前原の後継を決める代表選では、小沢一郎が菅を破って勝利した。新進党の解党から自自連立、自由党の分裂と次第に手勢を減らしていた小沢が、民由合併を経て最大野党の党首に返り咲いたのである。民由合併後は一兵卒として役職にはつかず、直後の総選挙で躍進すると代表代行となり、党内で最も政策志向が遠いと目された横路孝弘と安保政策の合意書を作成して接近するなど、周到に布石を打ってきたことが報われた形になった。

小沢は二〇〇六年四月七日の代表選の演説で、「政権交代の一点に向けて自分も変わらなくてはいけない」と述べ（『朝日新聞』二〇〇六年四月八日付朝刊）、剛腕イメージの脱却をアピールした。党としても、前原が場合によっては政権との合意も辞さない対案路線をとったのに対し、自公との対決姿勢による政権交代の実現を目指すことを鮮明にした。なかでも、小泉内閣の構造改革で疲弊した地方への目配りや、格差の拡大を手当てする必要性を訴えるなど、従来主張してきた新自由主義的な政策から大きく転換して「ニュー小沢」を印象づけた。

ここでの小沢の「変身」は、政界再編の歴史をなぞる意味で興味深い。大同団結政党である新進党で、政策の純化を目指して解党をもたらした小沢が、小規模政党として自民党との連立に踏み出して政策の実現を図ったが、この試みは挫折を余儀なくされた。そこで政策へのこだわりを捨て、民主党の政策を丸呑みし、ついには自身が掲げてきた新自由主義的な路線をも修正した。新進党時代の反省から、理念ではなく、自民党政権に比べて「よりよき統治」を志向した結果、小泉政権での自民党の政策転換に引きずられる形で理念そのものが転換したのである。大同団結を成功させるには、自民党の政策を前提に、そこからの修正をベースにせざるをえないという構造的課題にようやく正面から向き合ったのだ。

小沢代表就任直後の四月二三日に実施された衆院千葉七区の補選では、民主党公認の太田和美が九五五票差の激戦を制して勝利を収め、メール問題で傷ついた党の反転攻勢につながった。メール問題の混乱が冷めやらぬなかで実施された補選は、民主党に不利であるとの見方が大勢を占めていたが、それを覆して勝利に導いた小沢の求心力も高まり、九月の代表選では無投票で再選された。

2　参院選での与野党逆転

安倍内閣の躓き

小泉内閣は、首相の自民党総裁としての任期が切れる二〇〇六年九月をもって退陣し、後継の首相には安倍晋三が選出された。安倍は、小泉内閣で官房副長官、幹事長や官房長官を歴任し、北朝鮮問題での毅然《きぜん》とした対応などで世論の支持を集めていた。

安倍は、内閣のスローガンに「戦後レジームからの脱却」を掲げ、憲法改正や教育基本法の改正など保守色の強い政策の実現を目指す一方、失敗した人が何度でも挑戦できる「再チャレンジ」支援策を打ち出すとし、小泉内閣の構造改革路線によって広がった格差に対応する姿勢も示した。長く小泉内閣の中枢にいたことから、その路線を基本的には踏襲しつつも、小泉改革の影の部分を批判して一定の支持を集める小沢民主党を意識して、軌道修正も図った形である。

安倍内閣は、発足直後の世論調査で支持率六三パーセントと、小泉内閣にこそ及ばないものの、歴代内閣に比べて高水準で出発する（『朝日新聞』二〇〇六年九月二八日付朝刊）。保守色の強さから関係悪化が危ぶまれていた中国・韓国を就任直後の一〇月上旬に相次いで訪問して関係改善で一致するなど、柔軟な姿勢もみせて順調に船出したかにみえた。

しかし、郵政解散で自民党の公認を得られず、無所属で総選挙に当選した議員たちの自民党復党問題で躓き、次第に風向きが変わっていく。世論にも反対論が多いなか、造反議員には地方に強い地盤を持つものも少なくなかったため、翌年に迫った参院選を見据えて安倍は復党を受け入れる決断をした。これにより内閣支持率が四七パーセントまで低下した（『朝日新聞』二〇〇六年一二月一二日付朝刊）。

年末には、佐田玄一郎《さたげんいちろう》行政改革担当相が、架空の事務所費を政治資金収支報告書に計上した疑惑の責任をとって辞任。実体のない事務所関係費を政治団体の支出として計上する問題は、二〇〇七年になって松岡利勝《としかつ》農水相、その後任の赤城徳彦《あかぎのりひこ》農水相にも持ち上がり、松岡は自殺、赤城は辞任に追い込まれる。安倍内閣発足時、総裁選で安倍を支援した議員が多く入閣したため、「お友達内閣」などと批判を浴びていたところに起こった閣僚の「辞任ドミノ」によって、安倍内閣の体力は次第に奪われていくことになる。

消えた年金問題

安倍内閣の苦境を政策面で決定的にしたのは、いわゆる「消えた年金」問題である。二〇〇七年五月には、転職や結婚などで年金番号を複数持つ人の記録が突合されないまま、およそ五〇〇〇万件の記録が宙に浮いているのではないかという追及が、国会で民主党を中心になされた。老後の生活に直結する年金をめぐって、その掛け金の納入記録の管理がずさんであるという問題に対する世論の関心は高く、これにより安倍内閣の支持率は急落する。五月二八日の松岡農水相の自殺も重なり、六月初旬には支持率が三〇パーセントにまで落ち込んだ（『朝日新聞』二〇〇七年六月四日付朝刊）。

参院選を目前に控えて浮上した年金問題は、そのまま選挙の重要な争点となる。自民党は、社会保険料方式の維持を訴え、民主党は基礎年金部分の税方式への転換と、その財源として消費税を充てることを訴えた。一元化をめぐっても、民主党がすべての年金の一元化を求めたのに対し、自民党は厚生年金と共済年金の一元化を早期に実現するとした。民主党が主張する抜本改革の実現性はともかく、消えた年金問題を放置してきたとみなされた与党の「現実策」は、世論の怒りを十分に鎮める効果を持ちえなかったことは否定できない。

バラマキのマニフェスト

二〇〇七年七月二九日に投開票が行われた参院選では、民主党が二八議席増となる六〇議席を確保する一方、自民党は二七議席減の三七議席と惨敗し、非改選議席を合わせた参院の新勢力は民主党一〇九議席に対して自民党は八三議席と、民主党が参院での第一党に躍り出た。二九ある一人区では、野党が二三勝と圧倒し、比例区でも民主党の約二三三〇万票に対して自民党は約一六五〇万票に終わった。

野党では、民主党に議席が集中する一方、共産党は三議席で社民党と国民新党はそれぞれ二議席、新党日本は一議席となり、二大勢力化が一段と進んだ結果となった。この背景には、民主党の小沢代表の指揮で一人区における野党系候補の一本化が進められ、選挙戦の構図自体が自公対民主の形に収斂していたことがある。民主党と国民新党の選挙協力の象徴として、一人区の島根選挙区では国民新党の新人候補が統一候補となり、当選を果たした。この方式は、二〇〇九年の総選挙でも再現される。

　また、この選挙で民主党が掲げたマニフェストには、子ども一人につき一ヵ月二万六〇〇〇円を給付するという子ども手当や、高速道路料金の無料化、農家の戸別補償制度の創設といった多額の財源を必要とするバラマキ色の強いものが並んだ。小泉改革で疲弊した地方への目配りを重視する小沢路線に沿ったものだったが、このマニフェストのもとで大勝を収めたことが、のちの民主党のマニフェストや、民主党政権を大きく制約することになる。

「よりよき統治」を可能にする政権担当能力をアピールするための武器だったはずのマニフェストに、なぜバラマキ色の強いメニューが並んだのか。この点は、「よりよき統治」の方向性が「小泉内閣の路線からの修正」へと転換したことに加え、同じく小沢が率いた新進党時代の一九九六年の総選挙を思い起こさせる。新進党では、消費増税の凍結や所得税などの大幅減税を掲げ、従来の小沢自身の消費増税の必要性を訴える主張との整合性を問われて政権担当能力に疑問符がつく結果になった。「ニュー小沢」とはいえ、選挙において目玉になるサービス的な政策を打ち出す戦術までは、改まらなかったということであろう。

　逆にいえば、政権の失策が十分に大きく、適切な選挙戦術をとってさえいれば、政権担当能力に若干の不安を抱えていても野党が選挙で勝利することは可能だということを示した選挙でもあった。ただし、この段階ではあくまで参院選の話にとどまり、政権選択選挙である衆院選でも同様かどうかは、まだ見通せていなかった。民主党のこの「不安」が、のちの大連立騒動へとつながっていく。

3　大連立騒動

福田首相の大連立構想

選挙後は、「ねじれ」を招いた安倍の去就に注目が集まったが、安倍は辞任せず、内閣を改造して政権を継続する道を選んだ。しかし、二〇〇七年八月の外遊で持病が悪化した安倍は、九月の臨時国会で所信表明演説を終えたものの、民主党議員の代表質問が行われる予定だった九月一二日、辞意を表明した。

安倍退陣を受け、自民党では総裁選が行われ、福田康夫元官房長官が選出された。福田内閣は九月二六日に発足したが、衆院では自公で三分の二を超える議席数を有しており、参院で法案が否決されても、衆院での再議決は可能ではあった。しかし、参院で野党に主導権を握られている以上、迅速に採決が行われて否決されるとは限らず、参院に送られた法案の審議が棚ざらしにされてしまえば、六〇日間は再議決できない（日本国憲法第五九条四項）。国会審議には日程の制約があるなかで、野党と協調できなければ議会運営に苦慮することは明白であった。

畢竟、福田首相は民主党との協調を探る。一一月一日に期限が切れる海上自衛隊のインド洋での給油活動を延長するテロ特措法への対応をきっかけに、自公と民主党の大連立を目指す構想が急浮上する。なお、同法案については、安倍首相が辞意を表明した最初の記者会見でも、この法案への民主党の協力が得られないことを理由としており、いわば因縁の法案でもあった。

一〇月三〇日には福田と小沢が国会内で会談し、小沢は特措法には反対すると一度は表明したが、一一月二日に再度会談が行われた。二回の会談で福田は、小沢のかねてからの持論である、国連決議のもとでの自衛隊の海外派遣を可能にする恒久法の検討を条件に、特措法への賛成と、連立協議の開始を持ちかけた（『朝日新聞』二〇〇七年一一月三日付朝刊）。

小沢は福田の提案を党に持ち帰って役員会に諮ったが、反対意見が噴出したため、連立協議は開始できない旨を回答した。四日には小沢が、役員会で連立協議入りを全会一致で拒否されたことは、自身への不信任に等しいとして代表辞任を表明した。しかし、鳩山由紀夫幹事長らから強い慰留を受け、六日には辞意を撤回する。

この大連立騒動をめぐっては、主導したのが福田なのか小沢なのかについて論争がある。読売新聞などは、大連立を持ちかけたのは小沢であると報じた（『読売新聞』二〇〇七年一一月四日付朝刊）が、小沢は強くこれを否定した（『読売新聞』二〇〇七年一一月五日付朝刊）。朝日新聞や日本経済新聞などは仲介者として渡邉恒雄《つねお》読売新聞グループ本社会長・主筆の名前を報じ（『朝日新聞』二〇〇七年一一月三日付朝刊、『日本経済新聞』二〇〇七年一一月七日付朝刊）、どちらが持ちかけたのかについては両論併記の形で報じている。当事者の述懐が異なっているため、事の真相は藪の中であるが、この時点で小沢が総選挙での政権交代に十分な確信が持てずにいたことは確かであろう。

政権担当能力をめぐる矛盾

小沢は、代表辞任を表明した四日の記者会見で、「民主党はいまだ、様々な面で力量が不足している。国民からも『民主党は本当に政権担当能力があるのか』との疑問が提起され続け、次期衆院選での勝利は厳しい」（『読売新聞』二〇〇七年一一月五日付朝刊）と述べ、党の政策を素早く実現するには大連立が近道であるとの主張を展開した。文字通り小沢の主張を受け取れば、民主党には政権担当能力がない、との批判が根強くあるなか、しかし実際に政権につくことなしにこれを証明できず、その矛盾を解消するには大連立しかない、というわけだ。

第三次民主党の結成以降、政権の座が近づいてくればくるほど、民主党は政権担当能力という呪縛にとりつかれてきた。二〇〇三年の菅体制時のマニフェストや、前原体制の対案路線などもその文脈で理解できる。過去に政権担当の経験がある小沢をもってしても、この呪縛に搦《から》めとられたのであろう。新進党時代の失敗の経験も、影響した可能性はある。

与党経験がない政党にとって政権担当能力の証明が矛盾であり、ここでその解決策としての自民党との連立が葬られたことで、辞意を撤回した小沢に率いられた民主党は、自民党の政権担当能力が低いことを示す方向性——具体的には参院の数の力で政権をさらに追い詰め、相対的に自民党を上回ろうという路線に舵を切る。皮肉にも、この路線変更が実を結んだことで、示せずとも、事前に磨くことは可能だったはずの政権担当能力を事実上棚上げにしたまま、民主党は政権に辿り着くのである。

日銀総裁人事

再び対決姿勢に転じた民主党を前に、福田内閣の政権運営は苦境に陥っていく。補給支援特措法こそ、参院で否決後に衆院で再議決して成立させたものの、通常国会での予算審議では、高いハードルがあると予想された。予算案本体は憲法上衆院の優越が認められており、成立が見込める。しかし、赤字国債の発行などを可能にする予算関連法案は、野党が多数を占める参院で暗礁に乗り上げれば、否決後に衆院で再可決するか、参院送付後六〇日が経過しなければ成立させられない。

予算以上に問題になったのが、国会同意人事である。同意人事については、法案のような衆院での再議決の規定がなく、参院で否決されると事実上デッドロックに陥ってしまう。こうした制度上の陥穽《かんせい》が白日の下に晒《さら》されたのが、二〇〇八年三月に任期切れを迎える福井俊彦《としひこ》日銀総裁の後任人事であった。

まず福田内閣は、武藤敏郎《としろう》日銀副総裁を後任候補として国会に提示したが、武藤が財務省出身者であることから、「財政・金融分離」や天下り禁止を訴える民主党の反対に遭い、参院で不同意となった。そこで福田は、続いて田波耕治《たなみこうじ》元大蔵次官を提示、財務省出身者はあくまで認められないとする民主党の反対で再び不同意となった。この時点で、一九日の総裁任期切れに間に合わず、日銀総裁が一時的に空位となった。

最終的に、三度目に示され、武藤案提示の際に副総裁として既に同意されていた白川方明《まさあき》案で参院も同意となり、四月九日に白川総裁が誕生したが、一時的とはいえ中央銀行の総裁ポストが空位となる異例の事態に、「決められない政治」への世論の不満は高まった。

福田内閣の終焉

また民主党は、予算関連法案に絡み、ガソリン税の暫定税率撤廃と道路特定財源の一般財源化を求め、参院で徹底抗戦した。それにより、一時は暫定税率分が日切れにより継続できなくなり、実際にガソリン代が値下がりする結果につながった。暫定税率は与党が衆院で再可決して復活させたが、世論の大勢は民主党に傾き、福田内閣の支持率は二〇パーセントまで落ち込み、政党支持率も民主党が自民党を上回る状況となった（『朝日新聞』二〇〇八年五月二日付朝刊）。

福田内閣では、内閣人事局の設置や政官接触の透明化などを含んだ国家公務員制度改革基本法案のように、自民党と民主党で折り合って法案成立に導いたケースもあったが、通常国会会期末の二〇〇八年六月一一日には参院で首相の問責決議案が可決されるなど、与野党の協調の機運は総じて乏しかった。かといって低支持率にあえぐなかで解散に打って出ることもままならない福田内閣の手詰まり感は否めなかった。七月上旬の北海道洞爺湖《とうやこ》サミットを経て、八月初頭には内閣改造を行ったが、支持は上向かず、九月一日に福田は辞意を表明する。

八月二八日には、民主党の渡辺秀央《ひでお》参院議員ら三名が、二名の無所属議員とともに新党「改革クラブ」を結成した。これは、ねじれに苦しむ自民党の仕掛けによるものであったとされるが（『朝日新聞』二〇〇八年八月二九日付朝刊）、離党は限定的な規模にとどまり、参院の大勢を変えるには至らなかった。政権交代の可能性が高まるなかでは、こうした仕掛けも実を結びにくいということだ。

4　自民党政権の終わり

麻生内閣とリーマン・ショック

福田の後任の首相には、麻生太郎が就任した。衆院議員の任期切れまで一年余りに迫るなか、麻生内閣は事実上の選挙管理内閣という見方もあったが、二〇〇八年九月一五日にアメリカの大手投資銀行のリーマン・ブラザーズが破産し、世界的な金融危機、いわゆるリーマン・ショックが起こったことで、解散は先送りとなる。

麻生内閣は矢継ぎ早に経済対策を打ち出し、リーマン・ショックへの対応に奔走する。就任直後の臨時国会では、国民一人あたり一万二〇〇〇円を給付する定額給付金を含む経済対策を決定したが、定額給付金は所得制限を設けるかどうかで方針が二転三転した印象を与えるなど、必ずしも評判は芳しいものではなかった。発足直後には四八パーセントあった支持率も（『朝日新聞』二〇〇八年九月二五日付朝刊）、四カ月後の二月には一四パーセントまで急降下し、ますます解散が困難な状況となった（『朝日新聞』二〇〇九年二月一〇日付朝刊）。二〇〇九年二月中旬以降は、総選挙への危機感を背景に、自民党内で「麻生降ろし」の動きが出始める。

西松建設事件

麻生内閣が苦境に陥るなか、政権交代に向けて攻勢を強める民主党に冷や水を浴びせる事態が、二〇〇九年三月に入って起こる。三日、小沢代表の公設第一秘書が西松建設からの違法献金疑惑に絡む政治資金規正法違反で逮捕され、小沢の資金管理団体である陸山会の事務所が東京地検特捜部の家宅捜索を受けたのである。

小沢は、記者会見で嫌疑を否定するとともに、「検察権力、国家権力が、こういう形で強制捜査を行うことは、普通の民主主義社会ではありえない」(『朝日新聞』二〇〇九年三月四日付夕刊)と捜査当局を厳しく批判し、代表辞任を否定した。しかし、世論調査では小沢は代表を「辞める方がよい」が五七パーセントに対し、「続ける方がよい」が二六パーセントと、厳しい見方が示された(『朝日新聞』二〇〇九年三月九日付朝刊)。小沢は、検察批判を繰り広げるとともに、企業・団体献金の全面禁止を打ち出すなどして、代表続投に意欲をみせた。

小沢が疑惑を否定する以上、辞めさせられないが、総選挙を控えて世論の反応も気になる民主党内は、辞任論が燻りつつも様子を見守るよりほかなかった。四月に入っても世論の批判は鳴りやまず、ついに五月一一日、小沢は代表を辞することを表明した。代表辞任の記者会見で小沢は、「政権交代の実現に向け、挙党一致の態勢をより強固にするために、あえてこの身をなげうち、民主党代表の職を辞することを決意し」たと述べた（『朝日新聞』二〇〇九年五月一二日付朝刊）。

一六日の代表選には鳩山由紀夫幹事長と岡田克也副代表が名乗りを上げ、鳩山が一二四票を獲得し、九五票の岡田を下して新代表に選出された。鳩山代表は、幹事長に岡田を指名し、小沢は選挙担当の代表代行に就任した。直後の世論調査で民主党の支持率は回復傾向となり（『朝日新聞』二〇〇九年五月一八日付朝刊）、西松事件発覚以前の水準に戻り、民主党は総選挙に向けての体制立て直しにひとまず成功する。

麻生降ろしの頓挫

麻生内閣の不人気が露わになるにつれて、総選挙での下野が視野に入ってきた自民党では、二〇〇八年の年末から渡辺喜美《よしみ》元行革担当相が離党をほのめかしながら政権批判を繰り広げ、麻生降ろしの狼煙《のろし》を上げた。渡辺は二〇〇九年一月一三日に自民党を離党したが、この時点で渡辺に追随する動きはみられなかった。

解散が間際に迫った同年夏頃からは、自民党での反麻生の急先鋒の一人は中川秀直《ひでなお》元幹事長であった。中川らの具体的戦術は、（一）党所属国会議員と地方代表の過半数の賛成で総裁選を前倒し実施できるという党則（自由民主党党則第六条四項）を利用するか、（二）党所属国会議員の三分の一以上が求めれば七日以内に開催される両院議員総会で（党則第三五条）、過半数の賛成で党則を改正し、総裁選を前倒しするかの二通りであった。

七月一二日には、東京都議選が実施され、さながら総選挙の前哨戦《ぜんしょうせん》の色彩を帯び、与野党が総力戦で臨んだ。自民党は三八議席（一〇議席減）、民主党は五四議席（二〇議席増）となり、両党の勢いをそのまま表す結果になった。

渡辺喜美　1952年生まれ。96年、自民党から衆議院議員に初当選。規制改革担当大臣、行政改革担当大臣などを歴任。2009年、自民党を離党し、みんなの党を結成。14年に代表を辞任、同年の総選挙で落選。16年、おおさか維新の会より参議院議員に初当選。以後、無所属を経て院内会派「みんなの党」。（2009年、読売新聞社）

苦戦した自民党では、さらに麻生降ろしが活発になるかと思われたが、機先を制した麻生首相が都議選翌日の一三日に「七月二一日解散、八月三〇日投開票」の日程を予告する形で解散を表明した。先に解散を宣言してしまえば選挙準備が優先されるので、麻生降ろしが難しくなるという狙いがあった。

このままでは総選挙の惨敗が避けられないと考える中川らは、先述した（二）のシナリオで両院議員総会のための署名集めに奔走し、一六日に党所属国会議員の三分の一を超える一三三名分の署名を執行部に提出した（『朝日新聞』二〇〇九年七月一六日付夕刊）。しかし、その後各派閥の締め付けなどもあり、署名を取り下げる議員が続出して結局両院議員総会は開かれず、解散日の二一日に両院議員懇談会を開くことで決着した。ここに、麻生降ろしは事実上頓挫し、首相は予告通り二一日に衆院を解散、八月三〇日の総選挙が確定した。

解散後の八月八日には、一月に自民党を離党していた渡辺喜美が無所属の江田憲司《けんじ》らと新党「みんなの党」を結成し、民主党との協力も視野に入れつつ、霞が関改革と脱官僚を旗印にさらなる政界再編を目指すとした。みんなの党の結党には、解散後に自民党を離党した山内康一《こういち》と広津素子《ひろつもとこ》も加わった。しかし、泥船状態の自民党を飛び出す動きはほかにはみられなかった。

泥船の自民党からの離党が少なかった理由

麻生内閣では、事実上の選挙管理内閣として発足しながら、リーマン・ショックへの対応のために解散の先延ばしが続いた。内閣や自民党の支持率も次第に低下し、西松建設事件で一時的に民主党に逆風が吹いたが、小沢から鳩山への代表交代でそれもすぐやみ、政権交代の機運は高まる一方であった。

このような状況で、不人気の首相を交代させ、何とか局面の打開を図ろうとする動きが出るのは、総選挙での落選を恐れる、いわば議員の生存本能の表れでもあるだろう。ただ、選挙目当てで党の顔をすげ替えるようなことをしても、かえって世論に見透かされて逆効果になることも考えられ、麻生降ろしはそもそも万能薬たりえない。安倍、福田と直近二代の内閣が、それぞれおよそ一年で政権を投げ出したことを批判されたことを考えればなおさらである。そのことが、自民党内で麻生降ろしの動きが広がらなかった要因の一つではあっただろう。

麻生降ろしが広がらなかったこと以上にここで着目したいのは、自民党を離れる動きが活発化しなかったことである。一月に渡辺喜美が離党した際も、追随するものはいなかったし、まさしく総選挙での敗北が高い確率で見込まれていた解散後も、渡辺の新党結成に加わった自民党の衆院議員は二名だけだった。これは、第6章で述べる民主党政権の末期、分裂や離党者が相次いだことと比較すると、大きな違いである。

今昔を問わず、再選できなければただの人になってしまう以上、選挙に当選することは政治家が行動を決定する際に最も重要な要素の一つである。その観点からすれば、そのままでは敗色濃厚の選挙が眼前にあるとき、死中に活路を見出すべく、局面打開策として離党を企てるのも自然なことだ。その点では、このときの自民党議員の行動は「不自然」にも映る。

自民党や麻生内閣といわば運命をともにする道を、大方の自民党議員が選んだ理由はどこにあったのか。一つには、地方も含めて一定の地盤や組織を有する自民党に残っていれば、直近の選挙では落選したとしても再起が可能だと考えた可能性がある。しかしこれは、民主党政権が仮にうまく運営されてしまえば、下手をするとかなりの長期間にわたって実現しなくなるハイリスクな選択である。民主党政権の結末を既に知っている我々には、それなりの合理性を感じさせる説明とはいえ、当時としては希望的観測にすぎるとらえ方であろう。

それよりも、この事象の説明には、自民党以外に選択肢がなかったという消極的な理由の方が、より説得的であるように思われる。まず、二〇〇三年の第三次民主党発足で、自公以外の選択肢は事実上民主党しかなかった。その民主党は、政権交代に向けて上げ潮ムードにあり、選挙区の候補者の大半を決定済みで、比例区は原則重複立候補のみという方針をとったため、自民党からの移動を認める余地はなかった。また、第三極としてみんなの党が設立されたが、民主党への期待が大きいなか、第三極への注目度は低下せざるをえず、自民党での選挙戦に比べて状況が改善する見込みも乏しかった。

つまり、二大勢力化の進展と政権交代への期待で、最大野党である民主党の存在感が大きすぎたゆえに、自民党を飛び出しても活路が開けなかったのである。結果的に自民党にとって、大敗が見込まれても党が瓦解しなかったことは僥倖《ぎょうこう》であった。民主党にとっては皮肉にも自らの存在感が自民党の温存につながり、のちに政権が崩壊していく一助になってしまうのである。

第5章　政権交代の光と影——2009～2011年

1　民主党の大勝

鳩山内閣と政治主導

二〇〇九年八月三〇日、真夏の総選挙は投開票日を迎えた。「政権交代」をキャッチフレーズに選挙を戦った民主党は、一九三議席増の三〇八議席を獲得し、地滑り的大勝を収めた。自民党は一八一議席減の一一九議席と惨敗し、一九五五年の結党以来はじめて衆院での第一党の座から滑り落ちた。政権交代可能な政党システムへの変容を目指した政治改革関連法が一九九四年に成立してから一五年の時を経て、選挙による政権交代が実現したことになる。

この結果を受け、麻生太郎内閣は退陣、後継の自民党総裁には谷垣禎一《さだかず》が選ばれた。

参院で単独では過半数に満たない民主党は、選挙前から社民党と国民新党に連立参加を呼びかけ、大筋で合意していた。民主党代表の鳩山由紀夫を首班とする内閣は、民社国の連立政権として、九月一六日に発足。鳩山内閣は、総選挙で寄せられた期待そのままに、七一パーセントという高い支持率での船出となった（『朝日新聞』二〇〇九年九月一八日付朝刊）。

民主党は、官僚主導の自民党政治から政治主導に転換するとして、政権発足後まもなく事務次官会議を廃止し、小泉内閣以降の自民党政権が活用した経済財政諮問会議は休眠させ、代わりに内閣官房に国家戦略室を置いた。また、各省大臣に副大臣、政務官を合わせた政務三役の役割を重視し、脱官僚の姿勢を明確にした。また鳩山内閣は、麻生内閣で編成された二〇〇九年度第一次補正予算案について、未執行分の二兆九〇〇〇億円の執行を停止。これについて各省庁の政務三役自ら文字通りひざ詰めで電卓片手に精査を行うなど、官僚に頼らない新政権の姿勢を鮮明にした。さらに、政府と与党の関係では、政府が一元的に政策決定を行うべきとの観点から、党の政策調査会の廃止も決めた（読売新聞政治部、二〇一〇）。

矢継ぎ早に政治主導の体制を整えようとした民主党政権であったが、党役員人事で鳩山が小沢一郎を幹事長に任命し、しかも小沢が入閣しなかったため微妙な影響が出る。本来の民主党の構想では、幹事長を含む党幹部は原則入閣し、形式面でも政府・与党の一元化を進めるはずだった。しかし、小沢は入閣せず、選挙と国会運営を担うことになり、政策を担当する政府と役割を切り離すことになった。幹事長就任後、小沢は陳情システムを幹事長室に一元化する措置をとるなど、強い権限を発揮した。このことは、民主党の目指した「政治」主導が、「政府」主導を意味せず、政府と党の一元化も難しくなる一因となった。

マニフェストという呪縛

民主党への政権交代が確実視されるなか、総選挙以前から民主党のマニフェストに対する関心は高いものがあった。総選挙で民主党が掲げたマニフェストは、二〇〇七年の参院選時のものをベースに作られ、官僚主導から政治主導に転換するといった統治機構改革のほかに、「コンクリートから人へ」をキーワードに、自民党政権とは異なる形でバラマキ色の濃い政策が並んでいた。

たとえば、中学卒業までの子ども一人につき月二万六〇〇〇円を配るという子ども手当には、満額実施で五兆五〇〇〇億円、公立高校の授業料無償化に五〇〇〇億円、農家の戸別補償制度に一兆円、ガソリン税などの暫定税率の廃止に二兆五〇〇〇億円、段階実施とされた高速道路無償化に最終的には一兆三〇〇〇億円など、最終的には一六兆八〇〇〇億円もの財源が必要と試算された（民主党マニフェスト、二〇〇九）。

民主党は、これを増税で賄うのではなく、税金の無駄遣いの見直しや特別会計のいわゆる埋蔵金活用によって確保していくと公約した。消費増税は、自身の首相在任期間中は議論しないというのが鳩山の方針であった。これに対しては、財源の手当てが非現実的だとして自民党などから激しい批判が寄せられたが、政権担当経験のなさを逆手にとった民主党は、確保は可能だと言い張るという水掛け論に終始していた。自公政権の不人気ゆえ、マニフェストへの疑問は民主党への期待を打ち消すには至らなかったのだ。

また、沖縄にある米軍海兵隊の普天間《ふてんま》飛行場の返還をめぐって、日米両政府は二〇〇六年、名護市辺野古《へのこ》沖にV字滑走路を新たに建設し、そこに普天間の機能を移すことで対応すると同意していた。しかし、この方針には地元の沖縄などから強い反対の声が上がっており、鳩山は総選挙の選挙運動の過程で移設先を再検討することを約束し、新たな候補地を「最低でも県外」(『読売新聞』二〇〇九年八月一八日付朝刊)、あるいは国外への移設を目指すと述べた。しかし実際、アメリカが再交渉に応じる見込みがあったわけではなく、この公約は鳩山内閣にとっての大きな足枷《あしかせ》となる。これは、マニフェストに明記されていたわけではなく、鳩山が独自に約束してしまったものだ。だが、代表の約束はマニフェストに準じる意味を持つことは避けられなかった。

内政における財源問題、外交における見込みの不確かな約束という二種類の「マニフェスト」が、出だし好調だった鳩山内閣を次第に追い詰めていく。

2　混迷の鳩山内閣

財源不足への対応

政権発足後、まず内政面では、二〇一〇年度予算編成に向けて、マニフェストを実行に移していくための財源を確保することが重要なミッションとなった。二〇一〇年度には、七兆一〇〇〇億円の財源を新たに確保する必要があったが、二〇〇八年のリーマン・ショックの影響で税収が大幅に落ち込んでおり、厳しい対応を余儀なくされた。

民主党政権は、財源確保の一環で、行政刷新会議を設置し、そのもとで税金の使われ方について精査する「事業仕分け」を一一月に実施した。テレビカメラや一般の国民にも公開された場で、民主党議員も含めた「仕分け人」が事業担当官庁に必要性の説明を求める手法には、賛否両論あったものの、世論はおおむね好意的に受け止めていた。しかし、事業仕分けなどを通じて既存の事業を見直し、三兆円の財源を捻出する予定だったが、実際に確保できたのは約六九〇〇億円にとどまった（『朝日新聞』二〇〇九年一二月一二日付朝刊）。

二〇一〇年度予算の編成過程で、マニフェストの政策すべてを実行するには、財源の不足は余りにも大きいことが次第に露わになった。新規施策の取捨選択が必要なのだが、鳩山内閣は総合調整機能を欠き、予算案が固まらないまま時間だけが経過する。

二〇〇九年一二月一六日には、小沢幹事長が「党の要望書」を携えて首相官邸に乗り込み、ガソリン税の暫定税率廃止は見送ること、子ども手当はマニフェストで約束した通り、二〇一〇年度には半額の月一万三〇〇〇円を支給するが、所得制限を設けることなどを訴えた（『朝日新聞』二〇〇九年一二月一七日付朝刊）。実際にこの方向で予算編成が行われ、鶴の一声ならぬ小沢の一声で、予算編成をめぐる混乱は収束した。しかし、政府と与党の一元化を掲げ、政策は政府で決定するという民主党政権の原則から逸脱する形での決着となり、政治主導の金看板にも傷がつく形になった。

政治とカネの問題

さらに、鳩山内閣を苦境に追い込んだものに、鳩山自身と小沢幹事長の政治とカネをめぐる疑惑がある。いずれも政権交代前から指摘されているものであったが、両者が政府と与党の要職についたことで、改めてクローズアップされることになった。

鳩山には、実母から約一二億円にものぼる資金提供が行われていたが、これが政治資金規正報告書に記載されておらず、架空の名義になっていたという問題が指摘された。

小沢には、三月に発覚した西松献金事件に続いて、自身の政治資金管理団体である陸山会をめぐる新たな疑惑が浮上した。まず、陸山会が多額の不動産を購入していたことそのものや、購入の過程で小沢本人などが絡んだ不明朗な資金の流れなどが明るみに出て、二〇一〇年一月にはかつて小沢の秘書を務めていた民主党衆院議員の石川知裕《ともひろ》らが政治資金規正法違反の容疑で東京地検特捜部に逮捕された。小沢は関与を否定したものの、前年から立て続けの元秘書らの逮捕劇に、さらなるイメージダウンは避けられなかった。

長く政権党であったゆえ、しがらみが多く、政治とカネの問題に巻き込まれがちな自民党を批判し、アンチテーゼとして政権の座についた民主党にとって、代表と幹事長というナンバー・ワンとツーに巻き付いたダーティなイメージは、少なからず政権の体力を奪った。

普天間問題

鳩山内閣が最終的に行き詰まったのは、先述の普天間飛行場の移設問題をめぐる対応のまずさであった。鳩山は総選挙期間中に「最低でも県外」と移設先の見直しを事実上公約しており、首相就任後にアメリカとの再交渉など県外移設の道を探ろうとした。しかし、岡田克也外相や北澤俊美《としみ》防衛相などの関係閣僚は、就任早々に見直し困難との立場を固め、首相に積極的に協力しなかった（山口・中北編、二〇一四）。

鳩山首相は、二〇〇九年中に当初案通りで決着させようとする外務省などの動きに対し、翌年五月末までに方針を決定するとして先延ばしにした。しかし、両国政府の合意のもとで一度決定した路線を、政権交代を理由に転換するのはそもそも不可能に近く、アメリカの鳩山に対する不信感も高まった。

二〇一〇年五月に入って、鳩山も県外移設を断念し、二三日には仲井眞弘多《なかいまひろかず》沖縄県知事と会談して、名護市辺野古沖に代替滑走路を建設する方針を伝えた。二八日に日米両国政府は共同声明を発表し、辺野古への移設で合意した。この合意に反発した社民党党首で消費者担当相の福島みずほが政府方針の閣議決定への署名を拒んだため、鳩山は福島を罷免した。当初から県外移設を訴えてきた社民党は、これを受けて連立政権を離脱する。

県外移設の断念と社民党の連立離脱を受け、ここまで迷走を続けた鳩山内閣への世論の視線は厳しく、内閣支持率が一七パーセントにまで落ち込んだ（『朝日新聞』二〇一〇年五月三一日付朝刊）。

退陣を招いた二つの制約

六月二日、民主党両院議員総会で、鳩山首相は辞意を表明した。普天間問題で社民党の連立離脱を招いたことと、自身の政治とカネをめぐる問題で迷惑をかけたことを理由とした。合わせて、同じく政治資金疑惑をかけられていた小沢幹事長にも辞任を促し、民主党政権の鳩山＝小沢体制は八カ月で終わりを迎えた。

鳩山内閣では、首相や幹事長の金銭問題に加え、普天間問題で首相の発言がぶれたことにより、政権運営の拙劣さが際立ったところがある。その意味で、短命に終わった要因として、首相個人の資質による混迷という側面も色濃い。ただ、根底に存在し続けた二つの制約にも目を向ける必要がある。

制約の一つめは、既に述べたように、マニフェストという呪縛である。鳩山自身の「最低でも県外」発言は、マニフェストでは「見直しの方向で臨む」（民主党マニフェスト、二〇〇九）と書かれたのみだった。しかし、代表の発言でもあり、広い意味で公約ととらえられた。また、大盤振る舞いのマニフェストを実現するための財源不足に苦慮したのも、それを前面に押し出して政権交代につなげたことが影響した。

特に後者の制約は、誰が首相であっても苦しんだ可能性が高く、この問題は政権交代以前に既に埋め込まれていたというべきであろう。皮肉にも、政権担当能力をアピールするために具体化したマニフェストが、実際の政権担当能力を削る結果につながったのだ。これ以降も、マニフェストという制約は、党内政局とも絡んで民主党政権を激しく揺さぶり続ける。

第二の制約として、これは一点目のマニフェストの問題とも関連するが、二〇一〇年参院選の存在を挙げておかなければならない。民主党政権は、衆院こそ圧倒的な多数を持っていたが、参院では民主党単独で過半数には届いておらず、社民党と国民新党との連立政権としてスタートした。二〇一〇年参院選に敗れてしまうと衆参のねじれを招いて二〇〇七年以降の自公政権と同じ轍《てつ》を踏んでしまう可能性があり、政権安定のために参院選での勝利は至上命令だった。

そこで鳩山首相は、二〇〇七年参院選、二〇〇九年総選挙をともに仕切り、大勝に導いた小沢の手腕に頼って幹事長を委ね、政府と党の一元化という理念を曲げてまで政府と与党を切り離した。二〇一〇年度予算編成の折、参院選を睨むとマニフェストは実行に移す必要があるが、財源不足でそれがままならないとなったとき、取捨選択の調整を政策決定には携わらないはずの小沢に頼る形で解決せざるをえなかったのは、きわめて皮肉であった。裏を返せば、それだけ参院選を重視したからこそ、小沢が決める以外になくなったということでもあっただろう。普天間の問題で先送りを続けたのも、参院選を意識した部分は大きい。

代表と幹事長の金銭疑惑や、普天間問題などでマニフェストを守れなかったことで、支持率が低下して参院選での勝利という最大目標の達成が危うくなったとき、鳩山に残された選択肢は、小沢を道連れにしての退陣以外にもはやなかった。

3　軋む自民党

自民党実力者たちの離党

鳩山内閣が次第に世論の支持を失う一方、最大野党の自民党もまた苦しい党運営を強いられていた。総選挙で大敗した傷痕も生々しく、世論の自民党への拒否反応は依然として大きかったため、鳩山内閣の支持が低下しても自民党への支持は回復しなかったからである。そこで、自民党を見限って離党する動きが相次いだ。

二〇〇九年の年末には、田村耕太郎《こうたろう》が離党したのを皮切りに、長谷川大紋《たもん》、山内俊夫《としお》、吉村剛太郎《ごうたろう》の三名の参院議員が自民党を離れた。このうち田村は翌年の参院選で改選を控えていたが、翌年二月八日に民主党に入党し、これで参院の民主党会派「民主党・新緑風会・国民新・日本」は、議長を除いて参院の過半数に到達した。吉村は、同じく参院選で改選を控えており、二月一五日に国民新党入りした。山内は、改革クラブの松下新平《しんぺい》とトレードの形で改革クラブ入りした。これにより、改革クラブは国会議員五名以上の政党要件をかろうじて維持した。

二〇一〇年に入ると、一月に舛添要一《ますぞえよういち》元厚労相（『朝日新聞』二〇一〇年一月六日付朝刊）、三月には与謝野馨《よさのかおる》元財務相も新党結成に言及するなど（『朝日新聞』二〇一〇年三月八日付朝刊）、主要閣僚を務めた議員も自民党と決別する動きをみせた。四月一〇日には、与謝野が自民党を離党し、小泉内閣の郵政民営化に反対して自民党を離党してから無所属になっていた平沼赳夫《たけお》らと新党「たちあがれ日本」を結党した。たちあがれ日本には、与謝野のほかに園田博之《そのだひろゆき》衆院議員、中川義雄《よしお》、藤井孝男《たかお》両参院議員も自民党から参加した。舛添も、同じく自民党を離党した矢野哲朗《てつろう》、小池正勝《まさかつ》と、改革クラブの渡辺秀央、荒井広幸、山内俊夫の六名で四月二三日に「新党改革」を結成した。

相次ぐ離党の要因

二〇〇九年総選挙の前には、下野が確実視されるなかでも、自民党は凝集性を保った。これは、二大勢力化の進展と民主党の強さで説明可能だと既に述べたが、では二〇〇九年末から自民党を離れる動きが活発化したのはいかように説明できるのだろうか。

ここでもやはり、迫り来る参院選の影響がうかがえる。鳩山内閣の混迷にもかかわらず、自民党の支持率は上向かず、改選を控える参院議員のなかには自らの再選が危ういと判断するものも現れた。ただ、総選挙の際と異なっていたのは、まさにその民主党をとりまく状況である。参院で過半数に届いていなかった民主党は、自民党の参院議員を引き抜いて参院の勢力を拡大する強いインセンティブがあった。両者の思惑が一致したのが、田村のケースであろう。

さらに、二〇一〇年に入って鳩山内閣への支持がますます低迷するにしたがい、参院選で民主党が勝利する見込みも低下していった。そこで、参院での民主党の過半数割れを見越し、参院選後にキャスティングボートを握ろうとする動きが、たちあがれ日本や新党改革など、第三極の新党結成につながったと考えられる。たとえ小勢力でも、キャスティングボートを握れば議席数以上の大きな影響力を発揮できる可能性がある。この時期に自民党を離党した議員の多くが参院議員であることも、この点を傍証している。

つまり、自民党の不振という条件は総選挙の際と共通していたが、二大勢力の相手側として対峙している民主党の低迷が自民党の分裂を促進したことになる。二大勢力体制のもとでは、相手が強く、自分が弱い方が、再選のために相手側にすり寄るインセンティブになるが、相手が十分に強ければそうしたすり寄りを許すインセンティブが相手側になく、したがって弱い側からの離党は促進されにくい。しかし、自分も相手も弱ければ、相手側に離党議員を受け入れるインセンティブも生まれるし、第三極を模索することが容易になる。民主も自民も弱いために分裂が起きやすいというこの状況は、以降民主党政権の間は続き、今度は民主党が分裂する大きな要因となる。

4　菅内閣の苦境

菅内閣の誕生

鳩山首相の辞意表明を受け、民主党では代表選が実施された。代表選には菅直人副総理兼財務大臣と、樽床伸二衆院議員が立候補し、菅が大差で代表に選出された。第一次民主党の結成から鳩山と二枚看板で党を引っ張り、民由合併以降は小沢を加えたトロイカ体制の一翼を担ってきた菅が、目前に迫った参院選に向けて民主党政権の立て直しに取り組むことになった。

菅内閣は二〇一〇年六月八日に発足したが、菅首相は就任にあたっての記者会見で、「強い経済、強い財政、強い社会保障を一体として実現する」と述べ、将来の消費税率引き上げに向けて超党派の協議機関設置を表明し（『朝日新聞』二〇一〇年六月九日付朝刊）、消費増税については議論すら必要ないとしてきた鳩山内閣から軌道修正を図った。発足直後の世論調査では、内閣支持率が六〇パーセント、民主党支持率も五月末には二一パーセントまで落ち込んでいたものが、三八パーセントにV字回復し、自民党の一四パーセントに大差をつけた（『朝日新聞』二〇一〇年六月一〇日付朝刊）。

さらに菅首相は、一七日に行われた参院選に向けてのマニフェスト発表会見の場で、自民党が同日発表した公約に盛り込まれた消費税率を当面一〇パーセントとするという方針を「参考にしたい」と述べ（『朝日新聞』二〇一〇年六月一八日付朝刊）、前年総選挙のマニフェストからの転換を鮮明にした。ほかにも、目玉政策の一つだった子ども手当について、既に支給している月額一万三〇〇〇円から「上積み」するとし、月額二万六〇〇〇円という一年前の数値を事実上下方修正した（民主党マニフェスト、二〇一一）。

菅首相の方針転換には、鳩山内閣が外交も含めマニフェストに縛られて身動きがとれなくなった反省から、現実路線に舵を切り、参院選後の政権運営を円滑にする意図があったと考えられる。しかし、肝心の参院選で民主党は苦戦を強いられる。鳩山内閣の混乱の記憶が生々しかったことに加え、特に消費増税検討の唐突な表明で、わずか一年前のマニフェストを大きく翻すことにも批判が寄せられた。内閣支持率は発足一カ月で三九パーセントまで低下し、消費税引き上げにも賛成が三九パーセントに対して反対は四八パーセントにのぼった（『朝日新聞』二〇一〇年七月五日付朝刊）。

参院選で「ねじれ」

参院選は七月一一日に投開票が行われ、民主党は四四議席に終わり、自民党の五一議席を下回った。一人区では自民党二一勝に対し、民主党は八勝にとどまり、三年前の参院選と入れ替わりで自民党が大きくリードし、この結果が全体の帰趨《きすう》を左右した。比例区では、民主党は約一八五〇万票と、自民党の約一四一〇万票を上回ったが、投票率がほぼ横ばいだったなかで両党とも得票数を減らしており、民主党も自民党も振るわない結果に終わった。

これにより、民主党政権は連立パートナーの国民新党や新党日本を合わせても参院の過半数に届かず、ねじれ国会となった。参院で過半数割れを起こすのは自民党政権の末期も同様だが、当時の政権は公明党と合わせて衆院で三分の二を超える議席を持っており、衆院での再議決は可能な状況だった。しかし、民主党政権はそれすらも確保できておらず、再議決が可能な自公政権でも行き詰まったことを考えれば、ここで十分な議席を得られなかったことで政権の命運はほぼ尽きたも同然だった。

第三極では、みんなの党が一〇議席を確保し、非民主かつ非自民の有権者の受け皿となった。その他の政党は振るわず、たちあがれ日本と新党改革はそれぞれ一議席に終わり、キャスティングボートを握れなかった。

菅vs.小沢

参院選で手痛い敗北を喫した民主党だったが、菅は選挙後も続投する意向を早々に表明する。党内からも表立ってそれを批判する動きは出ず、当面菅は首相にとどまることになった。次の焦点は、九月の代表選で首相の対抗馬がどうなるか、というところにあったが、注目を集めたのは小沢前幹事長の動向だった。

小沢は、代表や代表代行として二〇〇七年参院選と二〇〇九年総選挙を実質的に指揮する立場にあり、候補者擁立なども自身の手で行っていたため、俗に「小沢チルドレン」「小沢ガールズ」などといわれる自身に近い新人議員を多く抱えていた。一五〇人規模を擁するとされた小沢グループは、民主党内でも四割近い議員からなる最大勢力であり、代表選にも強い影響力を持つと目されたのである。

菅は自身が代表に選ばれた六月の代表選の際、記者会見で小沢について、「ご本人にとっても、民主党にとっても、日本の政治にとっても、しばらくは静かにしていただいた方がいいのではないかと考えている」（『朝日新聞』二〇一〇年六月四日付朝刊）と述べ、小沢と距離を置く姿勢を示した。

実際、首相としてのはじめての組閣・党役員人事でも、小沢と遠い仙谷由人《せんごくよしと》を官房長官、枝野幸男を幹事長に指名し、小沢が廃止した党の政策調査会も復活させるなど、脱小沢路線を推し進めた。当然、小沢グループの不満は高まり、参院選の敗北で代表選の対応が焦点となったのである。

菅は、小沢に厳しい世論調査の数字などを根拠に、参院選後も脱小沢路線を変更するそぶりはみせず、挙党体制構築のために小沢を要職で処遇するよう求める鳩山前首相などの仲介にも応じなかった。そこで小沢は代表選に立候補する意向を表明し、鳩山も小沢を支持することを明らかにした（『朝日新聞』二〇一〇年八月二六日付夕刊）。

九月の代表選は二人の一騎打ちとなり、文字通り民主党を二分する激しい戦いとなった。政策的にも、菅が消費増税の検討も含め、マニフェストを実現可能な形に修正することを厭《いと》わないとしたのに対し、小沢はあくまでマニフェストの実現に力を注ぐべきだと原点回帰を訴え、対照的な主張を展開した。

民主党では、代表が任期の途中に交代した場合、新代表の任期は前の代表の残りの任期という規定になっていた。そのため、菅や前代表の鳩山の任期は、さらにその前の代表だった小沢の残りの任期となっており、この代表選はその任期満了にともなって行われるものだった。いわば定例の代表選であったため、国会議員票だけで争うのでなく、二年ぶりに党員・サポーター票も含めたフルスペックの形で行われた。

一四日に行われた投開票では、国会議員票こそ菅二〇六票に対して小沢二〇〇票と競ったものの、党員・サポーター票で圧倒し、地方議員票でも上回った菅が大差で勝利を収めた。政治とカネの問題を抱えた小沢への世論の拒否反応は強く、小沢はそれを覆せなかった。激しい代表選によって、党内の権力闘争に、政策面での路線の違いがシンクロして、民主党の党内対立は抜き差しならないものに発展していく。

尖閣問題での批判

代表選を乗り切った菅は、内閣改造と党役員人事を行って脱小沢をさらに鮮明にした。小沢グループからは一人も入閣させず、幹事長には小沢と距離のある岡田克也を指名した。世論はこれを好感し、内閣支持率は五九パーセントまで回復した（『朝日新聞』二〇一〇年九月二〇日付朝刊）。

しかし、党内を二分した代表選の遺恨は根深く、何よりねじれ国会の状況は変わらない以上、菅内閣の置かれた状況は厳しかった。そして、鳩山内閣に続き、外交面で躓いた菅内閣はすぐに苦境に陥っていく。

代表選前の二〇一〇年九月七日、尖閣諸島沖で中国漁船が海上保安庁の巡視船に衝突する事件が発生し、海上保安庁は同船の船長を逮捕した。これに対し、領有権を主張する中国政府が猛反発し、中国政府に対する配慮から二四日に船長を釈放して強制送還する措置がとられた。事件の対応そのものや、海上保安庁が撮影したビデオが存在しながら、中国への配慮から公開しない判断をしたことなどで菅内閣は批判を浴び、わずか二カ月後の一一月中旬には支持率が二七パーセントまで落ち込んだ（『朝日新聞』二〇一〇年一一月一六日付朝刊）。

一一月二二日には、失言問題で柳田稔《やなぎだみのる》法相が辞任した。月末には、尖閣問題に絡んで仙谷官房長官と馬淵澄夫《まぶちすみお》国交相に対する問責決議案も参院で可決された。

菅首相は、自民党や公明党と政策分野ごとに連携してねじれ国会を乗り切る算段だったが、相次ぐ問責決議案の可決でこれも難しくなりつつあった。そこで、局面打開のために小政党との連携に乗り出し、年末にかけて、たちあがれ日本に対して連立政権の樹立を打診した（『朝日新聞』二〇一〇年一二月二五日付朝刊）。しかし、たちあがれ日本は与謝野元財務相以外に積極的な議員がおらず、この要請を拒否した（『朝日新聞』二〇一〇年一二月二八日付朝刊）。これを受け、与謝野はたちあがれ日本を離党した。

年明けには、問責を受けた仙谷官房長官と馬淵国交相を入れ替える内閣改造を行い、官房長官に枝野、一本釣りした与謝野を経済財政・社会保障・税一体改革担当相に任命した。菅首相は、ほかにも新党改革の舛添代表にも連携を呼びかけたとされるが（『朝日新聞』二〇一〇年一二月二五日付朝刊）、これは実を結ばず、打つ手はなくなりつつあった。

小政党は、政策的には独自の主張を貫きやすい反面、それを実現するには連立を組んで政権に参画するしかない。しかし、仮に両党との連携が成就したとしても、民主党政権は参院の過半数を回復できない。そうなれば、連立入りしても小政党の政策が実現する保証はなく、キャスティングボートを握っているわけでもないから、自自公連立政権での自由党のように、連立政権内での立場も弱くなる。連携を打診された小政党も、この状況では連立入りに踏み出せなかった。

小沢が政治資金規正法違反で検察審査会の議決により一月に強制起訴されたことを受け、二月に民主党執行部は裁判で判決が確定するまでの間の小沢の党員資格停止処分を決定した。これに反発した小沢系の衆院議員一六名は会派離脱に動き、予算案の採決で造反して欠席するなど、党内も動揺した。三月三日には、河村たかし名古屋市長と近い佐藤夕子《ゆうこ》衆院議員が民主党を離党し、四月の統一地方選を睨んで河村率いる地域政党の減税日本入りすることを表明した。

さらに、政治資金規正法が禁じる外国人からの献金を受けていたことが発覚した前原誠司外相が六日に辞任し、一一日には菅首相も外国人からの献金を受けていたと朝日新聞が報じるに至り（『朝日新聞』二〇一一年三月一一日付朝刊）、いよいよ菅首相は窮地に陥った。同日、菅首相への追及が続く参院決算委員会の最中、東日本大震災が起こる。

第6章　崩壊する民主党政権――2011〜2012年

1　東日本大震災

拒否された大連立

二〇一一年三月一一日午後二時四六分に発生した宮城県沖を震源とするマグニチュード九・〇の大地震により、東日本の太平洋岸地域に大津波が押し寄せ、甚大な被害が生じた。これにより、国会は一時的に政治休戦となり、ねじれ国会のもとで風前の灯だった菅直人内閣は震災対応に集中することになる。

菅内閣の震災対応は、初期から原発事故への対応に大きな比重が置かれた。震災翌日には、ヘリで首相自らが福島第一原発まで出向いて視察を敢行し、後に強い批判を浴びた。事業者である東京電力との間で円滑なコミュニケーションがとれず、首相が直接東電本社に出向いて対策本部設置を指示するといった場面もあった。総じて、原発事故も含めた政権の震災対応は高い評価を得たとはいいがたく、非常時のなかでも統治能力に疑問符がつけられる状況が続いた。

菅首相は、三月一九日になって、自民党の谷垣禎一総裁に副総理兼震災復興担当相として入閣するよう要請し、野党の自民党に協力を求めた。定員一七と定められている閣僚数について、野党の協力を得てこれを二〇に増やす形に内閣法を改正し、そのまま危機管理内閣を作る構想だった。しかし、自民党からは菅内閣の延命につながるとして反対論が噴出し、谷垣は即日要請を拒否する旨、菅に回答した（『朝日新聞』二〇一一年三月二〇日付朝刊）。

この後も、自民党の一部には震災で早期の解散が見込めなくなったため、民主党との大連立もやむなしとの声もあったが、菅首相の続投を前提とする民主党の構想に自民党が反発し、大連立の可能性は萎《しぼ》んだ（『朝日新聞』二〇一一年四月七日付朝刊）。

四月一〇日に投開票が行われた統一地方選の前半戦では、民主党と自民党の直接対決となった二つの知事選でいずれも自民党推薦の候補が当選し、これをきっかけに民主党内から「菅降ろし」の動きが高まりをみせる。

菅降ろし

菅は、二〇一一年五月に入って静岡県の浜岡《はまおか》原子力発電所について、中部電力にすべての原子炉の停止を要請し、福島第一原発事故を受けて脱原発に踏み出した。一三日には、震災直後に浮上した閣僚増のための内閣法改正案を国会に提出し、大連立の誘い水とするなど、なりふり構わず政権維持の方策を探ろうとした。

民主党内で「菅降ろし」の狼煙を上げたのは、菅首相の脱小沢路線で冷遇されてきた小沢一郎前幹事長に近い議員たちであった。その基本戦術は、民主党内で八〇人規模の賛同者を募って、自民党など野党が提出する内閣不信任案に賛成し、菅内閣を退陣に追い込むというものだった。

五月上旬には党内対立の激化を憂慮する鳩山前首相らの説得で、不信任案に賛成の動きは一旦沈静化するが、反菅の動きは水面下で燻った。下旬には、再度小沢が倒閣に動き出し、自民党も不信任案提出を早めてこの動きに呼応した。内閣不信任案は六月二日に採決されることになった（読売新聞政治部、二〇一一）。

不信任案採決直前まで、民主党内の造反をめぐる駆け引きが続いた。採決で造反すれば除名にすると締め付けを図る執行部側に対し、小沢らはあくまで菅首相個人への不信任にすぎないとして、民主党に残る方針を打ち出して対抗した（『朝日新聞』二〇一一年六月一日付朝刊)。この論法は、一九九三年の宮澤内閣不信任案の折に羽田派がとろうとしたものと同一といえる。小沢との共同歩調を重視する鳩山も、一日には「不信任案が出た場合は賛成する。その前に首相には自発的に辞めてもらう努力もする」(『朝日新聞』二〇一一年六月二日付朝刊)と述べた。

不信任案の可決もありうる状況のなか、採決が行われる二日の午前までに、菅と鳩山の間で調整が図られ、菅が早期に退陣する代わりに不信任案には同調しない、という合意が辛くも成立した。菅は、採決前の民主党代議士会で、「震災の取り組みに一定のめどがついた段階で、若い世代に責任を引き継いでもらいたい」(『朝日新聞』二〇一一年六月二日付夕刊)と表明し、近い将来に辞任する意向を述べた。これにより、民主党内の造反の機運は収まり、内閣不信任案は否決された。

まさに土壇場《どたんば》で党分裂こそ避けられたものの、造反して不信任案に賛成した二名の議員は除名処分となり、小沢ら一五名は採決を欠席するなど一丸にはほど遠く、対立の火種は残ったままだった。

菅内閣退陣

具体的な辞任の時期を示さず、曖昧な辞意で不信任案の採決を乗り切った菅は、内閣の延命を狙う。鳩山と合意した「震災の取り組みに一定のめどがついた段階」を、福島第一原発の事故収束を確実に見届けることとしたのだ。東電の工程表にしたがえばそれは年明け以降を意味する（『朝日新聞』二〇一一年六月三日付朝刊）。

しかし、こうした菅の姿勢には、小沢グループはもとより、これまで菅を支えてきた岡田克也幹事長などの政権幹部の間にも批判が強まった（読売新聞政治部、前掲書）。それでも菅は鳩山との合意になかった再生可能エネルギーの全量固定買取制度を含む再生エネ特別措置法の成立を辞任の条件に持ち出すなど抵抗し、通常国会の会期は二〇一一年八月三一日まで七〇日間延長されることになった。

七月五日には、新設された復興担当大臣に就任したばかりの松本龍《りゅう》が、被災地での放言の責任をとって辞任し、菅内閣にはさらなる痛手となった。七日には、原発の再稼働をめぐって首相と対立した海江田万里経産相が原発関連法案の成立を待って辞任することを表明するなど、閣内の不和も表面化した。

最終的には、第二次補正予算案や依然成立していなかった二〇一一年度予算などの赤字国債発行を可能にする公債特例法、さらには再生エネ特措法の成立と引き換えに、菅は八月二六日に辞任を表明した。

2 野田内閣と消費税政局

乱戦の代表選

菅の後継を選ぶ民主党代表選は、二〇一一年八月二七日に告示され、二九日に党所属国会議員による投票が行われた。党内最大グループを率いる小沢が、強制起訴された裁判の進行中で、党からも党員資格停止処分を受けており、直接身動きがとれないなかでの選挙戦となった。

代表選には、馬淵澄夫前国交相、樽床伸二元国会対策委員長、小沢鋭仁《さきひと》元環境相、野田佳《よし》彦《ひこ》財務相、海江田万里経産相、鹿野道彦農水相、前原誠司前外相などが次々と名乗りを上げる乱戦模様となり、いずれも小沢の協力を要請する展開となった。ただ、唯一の代表経験者として知名度が高い前原は、人事面で小沢に配慮する姿勢を示さなかったため、小沢らは「非前原」の候補として、鳩山グループの海江田を推すこととした(『朝日新聞』二〇一一年八月二七日付朝刊)。

最終的に代表選は、馬淵、野田、海江田、鹿野、前原の五名による争いとなった。一回目の投票では、海江田が一四三票でトップ、野田一〇二票、前原七四票、鹿野五二票、馬淵二四票となり、過半数を得た候補がいなかったため、決選投票に持ち込まれた。決選投票では、野田が二一五票を獲得し、一七七票の海江田を逆転して代表に選出された。基礎票で上回る海江田を、その他の候補との連合によって野田がひっくり返す結果になった。新代表に選出された野田は、代表就任あいさつで「ノーサイドにしましょう、もう」（『朝日新聞』二〇一一年八月三〇日付朝刊）と述べ、党内融和を訴えた。

早くも立ち込める暗雲

野田は、代表選に名乗りを上げる際に自民党との大連立の可能性に言及するなど、ねじれ国会への対応として、野党との協調を見据える路線をとった。そのため、菅内閣が退陣の交換条件とした公債特例法案を成立させる際、自民・公明両党と結んだ合意を重視する姿勢を示した（『朝日新聞』二〇一一年八月三〇日付朝刊）。合意には、子ども手当を廃止して児童手当を復活させることや、高速道路無料化の凍結など、民主党が総選挙で公約したマニフェストを大幅修正する内容が含まれており、マニフェストの遵守を訴える小沢との食い違いは明確だった。しかも、財務相を務めていた野田は、消費増税の検討を明言しており、政策面で小沢との乖離《かいり》は著しいものがあった。

ただ、六月の菅内閣不信任案のときのような党内抗争を再現すれば、世論のさらなる離反を招くのは確実なため、まずは人事面で野田がどのような融和策を示すのか注目された。焦点は選挙を指揮する幹事長のポストであったが、野田はここに小沢と近い輿石東《こしいしあずま》参院議員会長を配して、小沢グループに配慮する姿勢を表した。閣僚人事でも、小沢グループの一川《いちかわ》保夫《やすお》を防衛相に、山岡賢次《けんじ》を国家公安委員長兼消費者担当相に指名し、挙党体制を演出した。

野田内閣は、発足直後の世論調査で支持率五三パーセントとなり、じり貧状態だった菅内閣から反転した。民主党支持率も三一パーセントまで回復し、自民党の一七パーセントを上回った（『朝日新聞』二〇一一年九月四日付朝刊）。しかし、発足後まもなく、経産相の鉢呂吉雄《はちろよしお》が原発事故に関する不適切発言で辞職し、出鼻をくじかれる格好になった。

その後も、自身の問題発言や沖縄防衛局長の不適切発言などで批判を受けた一川防衛相や、マルチ商法との関わりが指摘される山岡消費者担当相に対し、一二月九日には参院で問責決議案が可決され、政権運営に早くも暗雲が立ち込めた。

消費税政局の始まり

政策面で野田首相が力を注いだのは、税と社会保障の一体改革だった。これは、この年の六月に菅内閣のもと、「二〇一〇年代半ばまでに段階的に消費税率を一〇%まで引き上げる」（『朝日新聞』二〇一一年七月一日付朝刊）ことを、社会保障改革検討本部で決定したことに基づく。野田は二〇一一年中に消費税法案の素案を完成させると繰り返し表明したが、マニフェスト回帰を訴える小沢グループを中心に民主党内から反発が巻き起こった。

二〇一一年末には、九名の衆院議員が消費税を引き上げようとする野田内閣の方針に反発して民主党を離党し、年明けには内山晃《あきら》元総務政務官を代表に「新党きづな」を結党した。九名のうち八名は小沢グループ、一名は鳩山グループ所属の議員だった。

また同じく年明けには、菅内閣不信任案に賛成して民主党を除名されていた松木謙公《けんこう》と新党大地の鈴木宗男《むねお》らも、「新党大地・真民主」を結成した。きづなは政策ごとに是々非々が（『朝日新聞』二〇一二年一月七日付朝刊）、新党大地・真民主は政権寄りの立場をとるとした（『朝日新聞』二〇一二年一月五日付朝刊）、民主党政権の不振が続くなか、衆院議員の任期も残り二年を切り、次期総選挙を睨んでの動きも活発化した形である。潜在的な不満が離党や新党結成として表面化するのは、やはり政党交付金の算定基準日である元日を睨む年末年始になりやすいのだ。

野田は、参院から問責を受けた閣僚二人を抱える状況では通常国会に臨めないと判断し、内閣改造を行った。副総理兼社会保障・税一体改革担当相に岡田克也を起用し、年末に民主党税制調査会で決定し、年明けの一月六日に素案を決定した「二〇一四年四月に八パーセント、一五年一〇月に一〇パーセント」を実現するべく、消費税シフトを鮮明にしたと受け止められた（『朝日新聞』二〇一二年一月一三日付夕刊）。野田が増税を急ぐ背景には、二〇〇九年に麻生内閣下で成立した改正所得税法附則一〇四条に、「遅滞なく、かつ、段階的に消費税を含む税制の抜本的な改革を行うため、平成二三年度までに必要な法制上の措置を講ずるものとする」とあり、年度末が期限になると考えられたことがある。

野田は、消費増税に反対の姿勢を崩さない小沢や鳩山を説得する意向を示す一方、自民党の谷垣総裁とも極秘会談を行うなど（『朝日新聞』二〇一二年三月二日付朝刊）、増税のための地ならしを続けた。民主党では、三月一四日から法案の事前審査にあたる党内の承認手続きが開始されたが、反対論が噴出して先送りが繰り返された。最終的には、二八日未明まで八回にわたる会議を開き、計約四六時間半の議論を行った（『朝日新聞』二〇一二年三月二八日付夕刊）。それでも反対派が納得しないなか、前原政調会長に対応を一任するとし、事実上法案を了承して決着した。

野田内閣は三〇日に法案を閣議決定し、国会に提出。これに反発した国民新党の亀井静香代表は連立政権からの離脱を表明した。しかし、亀井に同調した議員は参院議員一名のみで、残る六名は連立政権にとどまり、四月六日に自見庄三郎《じみしょうざぶろう》金融担当相が新しい代表に就任して、亀井ら二名が国民新党を離党する形になった。

三党合意

どうにか年度内の法案提出にこぎつけた野田内閣だったが、党内の了承手続きに納得しない消費増税反対派の声は高まる一方で、採決での造反も十分に予想される状況だった。反対派の中心を占める小沢グループは、二〇一二年三月三〇日には政務三役四名、四月二日に党の役職者二一名の辞表を提出するなど揺さぶりをかけた。

四月二六日には、自身の政治団体の土地取引をめぐる政治資金規正法違反で強制起訴されていた小沢に、東京地裁が無罪判決を言い渡した。消費税政局さなかの無罪判決で、小沢グループは勢いづき、消費税法案のゆくえはさらに混沌とした。

法案は五月一一日に審議入りし、野田首相は小沢の説得に乗り出す一方、自公両党にも協力を要請する二方面作戦をとる。だが、五月三〇日、六月三日の二度にわたる小沢との会談は物別れに終わった。並行して、参院で四月に問責決議を受けた田中直紀《なおき》防衛相と前田武志《たけし》国土交通相を含む閣僚を交代させなければ消費税法案の修正協議には応じられないとする自民党の意向を受け入れ、四日に内閣改造を行い、自民党との連携に軸足を移した（読売新聞政治部、二〇一二）。

六月一五日には民主党・自民党・公明党の実務者協議で、消費税を二〇一四年四月に八パーセント、一五年一〇月に一〇パーセントに段階的に引き上げることを決めた。いわゆる三党合意の成立である。民主党のマニフェストに記載された最低保障年金制度などは、社会保障政策を議論する超党派の「国民会議」で後に検討する形で妥協が成立した。

民主党分裂

これを受け民主党は、三党合意の内容について同意をとりつける党内手続きを進めたが、反対派との溝が埋まらず、二〇一二年六月一九日に前原政調会長が一任をとりつける形で議論を打ち切った（『朝日新聞』二〇一二年六月二〇日付朝刊）。二六日には衆院本会議で消費税法案の採決が行われ、民主党から小沢や鳩山ら五七名が反対票を投じ、一六名が棄権・欠席（体調不良による欠席者一名含む）する大量の造反が出たが、自民・公明両党も含めた賛成多数で可決された。

輿石幹事長は、その後も小沢に離党を思いとどまるよう説得したが、小沢はあくまでも法案の撤回を求めて、平行線をたどった（『朝日新聞』二〇一二年六月三〇日付朝刊）。七月二日には、小沢を中心に国会議員五〇名が民主党に離党届を提出し、民主党はここに分裂した。

小沢らは、七月一一日に新党「国民の生活が第一」を結成し、衆院議員三七名、参院議員一二名の計四九名が参加した。これとは別に一七日には、谷岡郁子《くにこ》ら参院議員三名が民主党を離党して、四月に国民新党を離党していた亀井亜紀子《あきこ》を加えた四名で二四日に参院会派

「みどりの風」を結成した。

八月八日には、野田と谷垣による党首会談が開かれ、「三党合意を踏まえて、法案は早期に成立を期す。成立した暁には近いうちに国民に信を問う」（『朝日新聞』二〇一二年八月九日付朝刊）ことで合意し、一〇日の参院本会議で消費税法案は三党などの賛成多数で可決、成立した。野田が政治生命をかけるとしてきた消費税法の成立で、焦点は党首会談で「近いうち」とされた衆院解散の時期に移った。

しかし三党の協調は長くは続かず、八月二九日に参院で野田首相への問責決議が可決される。自民党と公明党が再び政権との対決姿勢に転じたことで、九月八日まで会期延長されていた通常国会中の解散はなくなった。

3　地域政党の参戦

橋下新党前夜

ひたひたと衆院解散が近づくなかでも、民主党政権は低支持率にあえぎ、分裂も経験したため総選挙どころではないという空気が蔓延《まんえん》していた。対する自民党も、民主党の議席減は確実としても、自らの支持率が十分に回復しているとはいいがたい状況だった。二大政党がともに弱点を抱えるなか、浮かび上がってきたのがさらなる第三極を作る動きである。しかも、これまでの第三極が、第一次民主党やみんなの党など、国会議員の政党間移動によって永田町の内側から生まれたのに対し、ここでは外側、すなわち地域政党を母体にしての新党結成が相次いだのである。

大阪では、二〇〇八年二月に府知事に就任した橋下徹《はしもととおる》による改革が進行していた。橋下は、元は自民党所属だった松井一郎大阪府議など三〇名とともに、二〇一〇年四月に地域政党「大阪維新の会」を結成した。大阪維新の会は、橋下人気に支えられ、二〇一一年の統一地方選で府議会の過半数を制するなど躍進したうえ、二〇一一年一一月には大阪都構想を進展させるために府知事の橋下が辞職して大阪市長選に立候補し、橋下の後継を選ぶ府知事選には幹事長の松井一郎を擁立するダブル選挙に挑み、ともに勝利を収めた。

維新の国政進出

大阪で飛ぶ鳥を落とす勢いの大阪維新の会は、次なる舞台として国政進出を狙うようになる。二〇一二年三月には、来たる総選挙の公約集という意味づけの維新八策の原案を公表した（『朝日新聞』二〇一二年三月一一日付朝刊）。そこでは、外交・安保政策では日米同盟を基軸とした自民党に近い方向性を打ち出す一方、内政面では参院の廃止や国会議員の定数削減、公務員制度改革などの統治機構改革や、地方分権の一層の推進などを訴え、民主党や自民党よりも急進的な改革を主張した。安保政策で現実路線をとり、内政では一歩進んだ改革を通じて「よりよき統治」の実現を主張するのは、政権交代に向かった時期の民主党に似通っている。第三極に甘んじるというよりは二人政党の一角に食い込む意欲をうかがわせる。

橋下徹　1969年生まれ。2008年、大阪府知事に当選。10年、地域政党・大阪維新の会を結成。11年、大阪市長に当選。12年、国政政党・日本維新の会、14年には維新の党を結成。15年、いわゆる「都構想」の住民投票での否決を受けて任期満了で政界引退。（2012年、アフロ）

新進党や民主党など、従来の大規模野党が「よりよき統治」の担い手たりうることを訴える際、政権担当能力を証明できないことが壁となってきた。しかし維新は、地方政治において実績を積み、国政とは別のレベルで政権担当能力を証明して説得力を持たせることでこの壁を打破しようとした。その意味で、従来とは異なる新しい挑戦となる可能性を秘めていた。

国政の側でも、大阪でダブル選があった二〇一一年一一月には、石原慎《しん》太《た》郎《ろう》東京都知事と近い亀井静香国民新党代表が、橋下や石原と連携した新党構想を明らかにし（『朝日新聞』二〇一一年一一月二六日付朝刊）、二〇一二年の年明けには亀井が石原を説得して、国民新党とたちあがれ日本に民主党の一部を加えた新党の結成で合意したなどと報じられた（『朝日新聞』二〇一二年一月二七日付朝刊）。四月には、橋下と石原が大阪で会談したものの、一二日に石原が新党構想を「白紙に戻す」（『朝日新聞』二〇一二年四月一三日付朝刊）と述べ、一旦沈静化したかにみえた。

日本維新の会の設立

しかし、国政に足場がない大阪維新の会は、民主党政権の不振に乗じて他党の国会議員を新党に引き込み、設立の母体とする構想を描き、その準備は着々と進行した。新党を結成するにしても、五名以上の国会議員を参加させて、政党要件を満たさなければ、選挙活動などの制約が大きくなる。そこで、二月以降、民主党、自民党、みんなの党の超党派からなる国会議員が大阪維新の会と連携した勉強会を断続的に開き、これを母体とした新党構想が八月に表面化する（『朝日新聞』二〇一二年八月一五日付朝刊）。これは、消費税法案が成立し、解散総選挙の時期に焦点が向いたまさにそのタイミングであった。

維新側は、ほかにも安倍晋三元首相に参加を呼びかけるなど（『朝日新聞』二〇一二年八月二一日付朝刊）、積極的な動きをみせ、同じく第三極の立場にあるみんなの党にも連携を働きかけた（『朝日新聞』二〇一二年八月三一日付朝刊）。

これらは実を結ばなかったが、九月八日には「日本維新の会」を設立し、次期総選挙に四〇〇人規模の候補者擁立を目指すと発表した。日本維新の会には、民主党から松野頼久《よりひさ》元官房副長官ら三名、自民党から一名、みんなの党から三名の計七名が参加し、九月末までに民主・自民からそれぞれ一名ずつの議員も加わって、合わせて九名で国会議員団を組織した。党代表には、橋下が市長のまま就任した。これに対し、一度は新党を断念したかにみえた石原都知事は、一〇月二五日に知事を辞職し、たちあがれ日本を核とした新党を結成して総選挙に立候補する意向を表明した。石原は辞職表明の記者会見で、「橋下さんとはまず連携、連帯でしょう。政策のすりあわせもずいぶんしてきた」と述べ（『朝日新聞』二〇一二年一〇月二六日付朝刊）、維新との連携に踏み出す考えを示すとともに、みんなの党も含めた第三極の大同団結も模索するとした。

石原新党は、一一月一三日に結成され、たちあがれ日本を母体に、党名を「太陽の党」とした。代表には石原と平沼赳夫が共同代表の形で就任した。

代表選と総裁選

一方、党の分裂という大きな傷を負いながら消費税法案を成立させた野田民主党も、明確な解散時期が示されないまま三党合意に乗った谷垣自民党も、二〇一二年九月に代表選と総裁選をそれぞれ控えていた。

民主党では、野田内閣の支持率が八月上旬には二二パーセントまで低下しており（『朝日新聞』二〇一二年八月六日付朝刊）、党内には選挙の顔としての野田への不安の声も少なくなかった。そこで、細野豪志《ごうし》環境相を擁立する動きなども出たが、現職閣僚である細野は野田との対立軸を作りづらいとして立候補を断念し（『朝日新聞』二〇一二年九月七日付夕刊）、代表選は野田、赤松広隆《ひろたか》元農水相、原口一博《かずひろ》元総務相、鹿野前農水相の四名の争いとなった。二一日の代表選では、野田が大差で再選された。

対する自民党では、次期総選挙での政権奪還も睨み、激しい駆け引きが繰り広げられた。現職の谷垣は再選に強い意欲を示したが、幹事長の石原伸晃《のぶてる》も立候補を表明し、谷垣の目指した一本化交渉も決裂する。出身派閥の古賀誠《まこと》会長など、党重鎮も石原を支持したことから、谷垣は立候補を断念することになった（『朝日新聞』二〇一二年九月一〇日付夕刊）。

総裁選には石原に加え、第一次政権以来の盟友や麻生派、高村派に推された安倍晋三、石破茂前政調会長、町村信孝《まちむらのぶたか》元官房長官、林芳正《よしまさ》政調会長代理の五名が立候補した。二六日の総裁選では、地方票で高い人気を誇る石破が第一回投票でトップとなり、二位が安倍、以下石原、町村、林の順となった。しかし決選投票では、安倍が石破を逆転して勝利を収め、約五年ぶりに総裁に返り咲いた。これで、「近いうち」の総選挙は、野田民主党と安倍自民党を軸に、維新などの第三極が絡む展開となることが確実になった。

減税日本の動き

国政参画を目指す地域政党は、大阪維新の会ばかりではなかった。名古屋市長の河村たかしが率いる減税日本も、国政進出をうかがう動きをみせた。既に、東日本大震災の直前に民主党を離党した佐藤夕子を引き入れていたが、一名では会派を結成することもできない。政党要件を満たして総選挙に挑むには、国会議員五名以上の参加が必要で、さらに仲間を増やさねばならなかった。

そこで、二〇一二年八月九日に民主党を離党した小林興起と小泉俊明《としあき》の両衆院議員を迎え、小林が代表代行、小泉は幹事長に就任した。河村は、同じ地域政党母体の維新とも協調を模索したが、政策の違いを理由にこれは進展しなかった。一〇月三一日になって、民主党を離党した熊田篤嗣《あつし》、水野智彦《ともひこ》両衆院議員を受け入れ、政党要件を満たした。

減税日本は、この後も総選挙まで活発な動きをみせていく。

4 民主党の大分裂

続出する離党者

民主党代表選で再選された野田は、二〇一二年一〇月一日に内閣改造を行い、二九日に臨時国会を召集した。総選挙での敗色が濃厚な民主党内は、解散先延ばしを求める声が大勢であったが、一一月一四日の安倍自民党総裁との党首討論で、野田が「定数削減は来年の通常国会で必ずやり遂げる」ことに自民党が応じれば、「一六日に解散をしてもよいと思っている」（『朝日新聞』二〇一二年一一月一五日付朝刊）と述べ、衆院解散を明言した。一六日、言葉通り衆院は解散され、総選挙は一二月一六日投票と決まる。

民主党からは、解散決定を受けて離党者が相次いだ。四日に離党していた杉本和巳《かずみ》衆院議員が一六日にみんなの党に入党したのを皮切りに、閣僚経験者の小沢鋭仁元環境相や山田正《まさ》彦《ひこ》元農水相などが続々と離党の意向を固めていった（『朝日新聞』二〇一二年一一月一五日付夕刊）。移動先は、日本維新の会、国民の生活が第一、みんなの党、自民党とさまざまであった。

七月に民主党離党者を中心に作られた会派「みどりの風」は、山崎誠《やまざきまこと》を迎えて所属国会議員が五名となり、政党要件を満たしたことから政党化された。みどりの風には、民主党を離党した二名の衆院議員も後に加わった。

総選挙での苦戦が避けられないとみられた民主党からは、このように離党者が続いたが、自民党に移動した一名を除いて、移動先の多くがいわゆる「第三極」の政党であるという特徴がある。この時期に政党の移動を模索する議員は、多くが選挙に不安を抱え、再選が危うい者であると目される。しかし自民党の側としては、選挙に強くない民主党議員を受け入れても、議席増につながるとは考えにくく、党内の反発も避けられない。勢い、候補者擁立が十分に進んでいない第三極の新興政党に活路を見出すことになるのだ。

第三極の再編

解散直後は、民主党からの移動議員の受け入れも含め、第三極の各党が活発な動きをみせたが、いずれも小勢力の政党であり、このままでは総選挙の小選挙区で苦戦するのは不可避と思われた。少しでも大きい容れものを作ることが、選挙対策に直結する。そこで、総選挙まで時間が限られるなか、慌ただしく第三極をさらに再編する動きが起こる。

まず新党きづなは、解散を受けて国民の生活が第一に合流することになった。

二〇一二年一一月一九日には、民主党を離党した山田正彦と四月に国民新党を離党して無所属となっていた亀井静香が、新党「反TPP・脱原発・消費増税凍結を実現する党」を結成した。山田らは、維新や太陽の党との協調がうまくいかなかった減税日本との連携に動き、二二日に合流して新党「減税日本・反TPP・脱原発を実現する党」の結成を発表した。減税日本の河村たかし代表と山田が共同代表となり、幹事長には亀井がつく。

さらに、二七日には、滋賀県知事の嘉田由紀子《かだゆきこ》が原発依存からの脱却を旗印にした新党「日本未来の党」の結成を表明し、減税日本・反TPP・脱原発を実現する党や、国民の生活が第一、みどりの風の衆院議員がこれに参加する方向となった。この動きをみて、民主党から日本未来の党に移る議員も現れた。

日本未来の党は、消費税政局で民主党を離党した議員が中心メンバーだったことから、政策の中心は消費増税反対であり、それ以外に多様な小政党を束ねられる政策として脱原発を掲げた。民主党や自民党に加え、維新などとも差別化が必要なこともあり、結果的に左寄りの色彩が濃い政党となった。

維新と太陽の党の合流

衆院が解散された翌日の二〇一二年一一月一七日には、太陽の党が日本維新の会に合流することが、橋下維新代表と石原太陽の党代表の間で合意された。党名は日本維新の会のままとし、代表には石原が、橋下は代表代行についた。橋下は、既に選挙協力を進めていたみんなの党に対し、合流を呼びかけたが、渡辺喜美みんなの党代表はこれを拒否した（『朝日新聞』二〇一二年一一月二七日付夕刊）。

維新は、太陽の党との合流にあたり、脱原発やTPP参加といった従来の主張を緩めるなど、合流の実現を優先する姿勢をとった。実現はしなかったものの、みんなの党にも合併を働きかけ、総選挙を見据えて少しでも大きな塊《かたまり》を作ろうという意図は明確であった。

これらの第三極再編の動きで多少なりとも整理されたものの、総選挙は民主党と自民・公明両党に加え、日本未来の党と日本維新の会、それにみんなの党が第三極として参戦し、社民党と共産党もいるという乱立模様となった。

二種類の分裂のメカニズム

かくして、政権与党にもかかわらず、民主党は大規模な分裂を経験して総選挙に突入することになった。民主党が経験した分裂は、主として二種類に分けて考えることができる。一つは、消費税政局の結果、小沢グループが民主党を飛び出した分裂であり、もう一つは総選挙に絡むものである。

第一の小沢グループの分裂は、直接的には消費増税という野田内閣が進める政策への賛否が要因となった。その意味では、一九九三年の政治改革や二〇〇五年の郵政民営化の自民党分裂と同じ枠組みでとらえることが可能である。しかし、単に政策対立だけが分裂の要因ともいいがたい。

菅内閣発足以降、小沢グループは民主党内の反主流派に追いやられ、党や閣僚のポストを十分に得られず、孤立の様相を深めていた。形勢逆転を狙った二〇一〇年九月の代表選でも小沢が菅に敗れたうえ、小沢自身の政治資金規正法違反容疑での強制起訴もあり、めぼしい後継者も見当たらなかったことから、グループとしての展望が描けない状況に陥っていた。

実は、党内で反主流派とされ、行き場を見失う状況は、宮澤内閣末期に羽田派が置かれた状況と酷似している。当時は政治改革の実現に、そして二〇一二年は消費増税反対に世論が支持を与えていたことも同様である。一九九三年、内閣不信任案で造反して党を飛び出し、自民党から政権を奪った経験は、小沢の政治家人生のハイライトでもある。

およそ二〇年の時を経て、二匹目のドジョウを狙いにいった感もある離党劇には、したがって単なる増税反対以上の意味が込められていたであろう。増税反対を梃子《てこ》に、自らの手に権力を取り戻す戦いだったのだ。

しかし、政治改革当時と異なっていたのは、小沢自身が齢《よわい》を重ね、賞味期限を過ぎていたことである。そうであるがゆえに、党外を見渡しても、小沢と手を結ぼうとする勢力は限定的だった。そんな小沢との融和の道を進む選択肢は菅や野田になく、この段階で消費税が沮《そ》上《じょう》に上がらなくとも、いずれ決別の道は不可避だったように思われる。その意味で、政策はきっかけにすぎず、時間の流れに抗ってなお権力を追求する小沢の姿こそ、より色濃く浮かび上がってくる分裂劇である。ほとんどの場合、政策の実現は権力闘争の結果としてもたらされるが、既に小沢が権力を追求するための現実的なリソースを失っていたことこそ、小沢と民主党の悲劇をもたらした。

第二の分裂は、苦戦必至の民主党では、再選が危ういと考えた議員が続出したことによる。その点では直観的にも理解しやすい分裂劇ではあるが、ここで注目したいのは二〇〇九年総選挙直前の自民党との相違点である。

二〇〇九年総選挙を前にした自民党もまた、下野が確実視される状況にあり、その点はこのときの民主党と同様である。にもかかわらず自民党がほぼまとまりを保った要因として、第4章の最後に二つの理由を挙げて論じた。一つは、最大野党の民主党が強かったこと、もう一つにはそれゆえ第三極の参入余地がほぼなかったことである。

これに照らし合わせると、この時点で最大野党の自民党は、公明党との選挙協力で小選挙区の候補者を大筋で決定していた一方、政党支持率は伸び悩んでおり、二〇〇九年の民主党ほどの強さはなかった。そのため、第三極が参入する余地が生じ、実際、日本維新の会などの結成が相次いだ。

泥船状態の民主党から逃げ出そうとしても、候補者を固めている自民党には移動できないので、移動するとすれば第三極になる。自民党の支持率もそれほど高くなければ、第三極でも一定の勝機が見込めると判断して、民主党に残るよりも相対的に再選の可能性が高いと見込んだ第三極への移動が発生したと考えられる。

政党間競争の構図も味方せず、まとまりを保つことができなかった民主党は、総選挙での惨敗を経ての立て直しにも、大きな苦労をすることになる。

第7章　一強自民と多弱野党——2012〜2017年

1　再びの政権交代

民主惨敗

二〇一二年一二月一六日に投開票が行われた総選挙は、自民党が二九四議席を獲得して大勝した。民主党は五七議席と惨敗し、野田佳彦首相は退陣を表明した。第三極では、日本維新の会が五四議席と民主党に肉薄する第三党となったほか、みんなの党も公示前から一〇議席伸ばす一八議席を確保した一方、日本未来の党は五二議席減らす九議席にとどまり、明暗が分かれた。

自民党は、公明党との連立により政権に復帰し、二六日に第二次安倍晋三内閣が発足した。

この時点で、自公政権は参院の過半数を確保しておらず、民主党政権に続いてねじれ国会の状態にあるため、政権の至上命令はまず翌年の参院選に勝利することであった。

惨敗した民主党では、野田の後継を決める代表選が実施され、馬淵澄夫を破った海江田万里が新代表に選ばれた。

日本未来の党の内紛

同じく議席が激減した日本未来の党では、総選挙後に人事をめぐって対立が表面化する。嘉田由紀子代表は、共同代表に衆院議員の阿部知子《ともこ》を充てる案を提案したが、小沢一郎に近い議員たちが小沢を起用すべきだと反発して、暗礁に乗り上げた（『朝日新聞』二〇一二年一二月二七日付朝刊）。二〇一二年一二月二六日の首相指名選挙にあたり、小沢系の議員たちは、副代表の森ゆうこ参院議員に投票した。こうした党内対立を批判した亀井静香は同党からの離党を表明した。

これを受けて嘉田は党を分党することとし、翌二七日に亀井と阿部以外の七名の衆院議員と八名の参院議員が党名を「生活の党」と改め、一人残された阿部が新規に「日本未来の党」を設立する手続きがとられた。これにより、存続政党となった生活の党は、もともと日本未来の党が受け取るはずだった政党交付金をそのまま受け取る。生活の党の代表には、ひとまず森ゆうこが就任し、一月の結党大会で小沢に交代した。

総選挙に向けて急ごしらえで結成された日本未来の党だが、その役割を十分に果たせないとなると、途端に嘉田と党そのものが小沢らに用済みとされた格好であった。なお、亀井は参院議員四名で構成されていた「みどりの風」に合流し、そのほかに一名の参院議員も加わったみどりの風は、日本未来の党結成とともに失っていた政党要件を再度満たした。

続く離党者

安倍内閣が、金融緩和、積極財政、成長戦略の「三本の矢」からなるアベノミクスを看板に、世論から上々の評価を受けて船出するなか、野党では総選挙後も離党者が相次いだ。

総選挙で一議席の獲得にとどまった国民新党では、参院議員の森田高《たかし》代表代行が解党を主張し、それが受け入れられなかったことで二〇一三年一月一六日に同党を離党した。自見庄三郎代表は、党を解党して自民党に合流することを模索したが、自民党はこれを拒否し、野間健《たけし》衆院議員と浜田和幸《かずゆき》参院議員は二七日に同党を離党した。自見代表は、三月二一日に党を解党し、自身は無所属となる意向を表明した（『朝日新聞』二〇一三年三月二一日付朝刊）。

二月には、民主党の川崎稔《みのる》、植松恵美子《えみこ》の両参院議員が離党届を提出した。両者はともに二〇一三年に改選を迎える議員だったが、川崎は立候補を見送る意向で、植松は野党統一候補として無所属で再選を目指す意向とされた（『朝日新聞』二〇一三年三月七日付朝刊）。さらに民主党からは、四月二日に平野達男《たつお》前復興相が離党し、夏の参院選に無所属で立候補するとした（『朝日新聞』二〇一三年四月二日付夕刊）。四月一九日には、夏に改選を控える室井《むろい》邦彦《くにひこ》参院議員も離党した。室井は五月九日に参院議員を辞職し、参院選に日本維新の会から立候補する方向となった（『朝日新聞』二〇一三年五月一一日朝刊）。

三月一三日には、みどりの風の行田邦子《こうだくにこ》参院議員がみんなの党に移った。このように、主として夏に改選を控える参院議員が生き残りを模索し、活発に動いた。落ち目の民主党を見限り、第三極に移動するという流れは、前年総選挙の際に起こったものと基本的に同一である。

ねじれ解消

動揺が続く民主党などを尻目に、安倍内閣は、民主党政権で混乱した日米関係を立て直し、経済政策でもアベノミクスが評価されるなど、安定した支持率を維持して懸案の参院選を迎えた。

二〇一三年七月二一日に投開票が行われた参院選では、自民党が三一ある一人区のうちの二九を押さえるなど、六五議席を確保して勝利した。非改選を合わせた自民党の参院での議席は一一五議席となり、公明党の二〇議席を合わせると参院の過半数である一二二議席を上回った。これにより、ねじれ国会は解消された。

民主党は一七議席で結党以来最低の結果に終わり、総選挙で退潮した流れを食い止められなかった。最大野党に躍り出てからは自民党と議席を難なく分け合ってきた二人区の宮城、京都、兵庫で敗れたほか、従来支持の厚かった大都市部でも、三人区の埼玉、四人区の大阪、五人区の東京で議席を失った。これを受け、海江田代表はその座にとどまったが、幹事長の細野豪志が辞任した。

第三極では、日本維新の会、みんなの党がともに八議席を得て伸長したが、総選挙の勢いに乗ることはともにできず、伸び悩んだともいえる。とりわけ、自民党の勝利でキャスティングボートを握れなかったことで、小政党としての存在意義が問われることになった。生活の党とみどりの風は獲得議席なしに終わり、自身も落選したみどりの風の谷岡郁子代表は代表を退き、同党は事実上解党した。

2　第三極の再編再び

みんなの党の内紛

ねじれ国会を解消し、安定した政権基盤を獲得した安倍内閣に対し、第三極の一角を占めるみんなの党では、政権へのスタンスをめぐって内紛が勃発する。

かねて、渡辺喜美代表は党の独立性を重視する立場だったが、結党時から渡辺と行動をともにしてきた江田憲司幹事長は野党再編論者で、参院選に向けて日本維新の会などとの協力関係を再構築してきた。しかし、維新と接近する江田を警戒した渡辺は、二〇一三年四月に浅尾慶一郎《けいいちろう》をそれまで空位だった選対委員長とし、江田の選挙面での権限を一部剥奪する対応をとった（『朝日新聞』二〇一三年四月六日付朝刊）。五月に維新の橋下徹共同代表による旧日本軍の従軍慰安婦に関する発言が問題視されると、渡辺は維新との選挙協力を解消した（『朝日新聞』二〇一三年五月二〇日付朝刊）。

さらに、参院選当日に江田が民主党の細野幹事長や維新の松野頼久国会議員団代表と会談したことなどを問題視した渡辺は、八月七日の党両院議員総会で江田を解任し、後任の幹事長に浅尾慶一郎を指名した。また、党の解党と野党再編を主張してきた柿沢未途《みと》衆院議員は、渡辺に離党を強く求められ、二三日に離党した（『朝日新聞』二〇一三年八月二四日付朝刊）。

みんなの党内に再編論が燻る背景には、小政党単体では政策を実現することが難しく、自民党との連携に踏み出すか、さもなければ衆院選での野党候補の一本化に踏み出さざるをえないという制約が存在した。そこで、維新と連携して第三極を糾合し、民主党も巻き込んで再編につなげていこうという動きが出てくるのは、必定でもあった。

結いの党

二〇一三年一一月には、安倍内閣が提出した特定秘密保護法案をめぐって、みんなの党で党内対立が再燃する。渡辺代表が与党側との修正協議に応じて賛成に回ったことに反発した二名の議員が採決で造反して反対し、江田も欠席した。渡辺と江田の対立は決定的になり、一二月九日には、江田をはじめとする同党所属の衆院議員八名、参院議員六名の計一四名が離党届を提出した。

江田らは一八日、先にみんなの党を離れていた柿沢も加えた一五名で、新党「結《ゆ》いの党」を結党した。江田は、結いの党を「第一段ロケット」、維新との合流を「第二段ロケット」、民主党の一部を巻き込んで大同団結を果たすことを「第三段ロケット」と想定し、一年かけて野党陣営を再編する構想を描き（『朝日新聞』二〇一三年一二月一九日付朝刊）、その志向を鮮明にした。維新の橋下共同代表も、「僕は江田さんと一緒にやっていくべきだと思う」（『朝日新聞』二〇一三年一二月二一日付夕刊）と明言し、連携する姿勢をみせた。

結いの党の結成で、依然最大野党とはいえ、退潮著しい民主党が主導するのではなく、第三極が中心の再編劇がスタートしたといえる。分裂したみんなの党の渡辺は、安倍内閣との政策協議に踏み出し、与党寄りのスタンスを強めていく。だが、三月末の週刊誌報道で渡辺に知人の会社経営者からの多額の借入金の存在が発覚し、渡辺は四月に入って代表を辞任、浅尾幹事長が後継となった。

維新の路線対立

合流を模索する結いの党に対し、当初維新の内部には温度差が存在した。維新は結いの党結党直後の二〇一四年一月から政策協議を行い、三月までには大筋合意に達したが、石原慎太郎共同代表のように、旧太陽の党系の一部議員のなかには、憲法改正などをめぐって考え方の近い安倍内閣との協調こそ模索すべきとの考えを持つ議員もいた。しかし、合流に前向きな橋下が石原らを説得するなどして、四月には合併を前提とする協議を始めることとなった（『朝日新聞』二〇一四年四月六日付朝刊）。

だが、合併のための政策協議で問題となったのが、憲法改正について「自主憲法制定」という文言を入れるかどうかという点であった。この文言にこだわる石原に対し、江田や橋下はこの文言を使えばみんなの党や民主党などを巻き込んだ野党再編の妨げになりかねないとして反対した（『朝日新聞』二〇一四年五月二九日付朝刊）。最終的には、大阪都構想の実現や翌年の統一地方選を見据え、野党再編に舵を切る橋下と、自主憲法にこだわる石原の対立が解消せず、維新は分裂を選択。六月二二日、維新は党の分割を正式決定した。

維新と袂を分かった石原らは八月一日、新党「次世代の党」を結党した。代表には平沼赳夫が就任し、衆院議員一九名、参院議員三名での結党となった。次世代の党には、九月に休眠状態だった太陽の党を復活させていた無所属の西村眞悟《しんご》衆院議員も、総選挙直前の一一月に合流した。

他方、九月二一日、橋下ら日本維新の会と結いの党が合併し、「維新の党」を結党した。代表には橋下と江田が共同でつく形になった。維新の党には、衆院議員四二名、参院議員一一名が参加した。次世代の党との分裂により、維新の党は民主党の勢力を上回ることはできず、野党第二党にとどまった。

ここでの維新の分裂劇は、大同団結のためには「自主憲法制定」のような大きな理念は障害になるという政界再編史の繰り返しにほかならなかった。

3　小刻み解散

野党の大同団結を防ぐ

民主党政権時の二〇一二年八月に、民主・自民・公明の三党が合意して成立した消費税法改正法に基づき、二〇一四年四月一日から消費税率がそれまでの五パーセントから八パーセントに引き上げられた。さらに、法律には二〇一五年一〇月からの一〇パーセントへの引き上げも明記されていたが、附則第一八条には「経済状況を好転させることを条件として実施する」とあり、景気の動向によって見直しもありうるとされていた。二〇一五年度予算編成を控え、最終判断のタイムリミットが迫っていた。

安倍首相は、四月の消費増税によって景気に落ち込みがみられると判断し、さらなる増税は自身が進めてきた政権の看板政策であるアベノミクスにも悪影響があるとの観点から、先送りに傾いた。ただし、増税を延期するには法改正が必要なため、衆院を解散して国民に信を問い、増税先送りに理解を求めるとした。一一月二一日に衆院は解散する。

前回の総選挙からおよそ二年という比較的短い期間での解散には、唐突な印象もつきまとった。増税回避の方針は、最大野党の民主党なども理解を示しており、総選挙での争点とはなりえなかった。にもかかわらず解散という判断に至ったのは、一つには九月に発足させた改造内閣から松島みどり法相と小渕優子《ゆうこ》経産相の二名が早々に辞任し、首相の任命責任が指摘されていたことをリセットする意図に加え、野党の分断を狙ったことは否定できない。

民主党は、二〇一三年参院選で振るわなかったため、海江田代表の交代論が燻りつつ、しかし激しい海江田降ろしにまでは発展しないまま膠着《こうちゃく》状態に陥っていた。新たに発足した維新の党も結党時に次世代の党との分裂を経験し、その前に分裂したみんなの党も含め、少数勢力の野党が分立する状態にあった。

安倍首相としては、この状況で解散に打って出れば、小選挙区で自民党・公明党の候補が相対的に有利な条件で戦えることは明らかであり、野党の結集が遅れている状況を見越して、いわば負けない戦いに打って出たと考えられる。加えていえば、民主党政権の誕生を許し、手痛い下野を経験した自民党にとって、野党の大同団結をいかに妨げるかが最適な生存戦略になるということであり、この戦略は以降も貫かれることになる。

みんなの党の解党

野党側からすれば、降って湧いたような解散総選挙で、少しでも再選の可能性を高めるための動きが生じる。まず、それはみんなの党をめぐって起こった。

二〇一四年四月に辞任した渡辺に代わってみんなの党の代表についた浅尾は、安倍内閣との距離を縮めた渡辺の路線を軌道修正し、野党との連携を含め「全方位外交」（『朝日新聞』二〇一四年六月二六日付朝刊）をとった。そのため、浅尾就任後は維新との関係改善が進んだ。しかし安倍内閣との連携も排除しない曖昧な方向性に党内から批判もあり、江口克彦《かつひこ》参院議員が次世代の党に、大熊利昭《としあき》衆院議員が維新の党に、それぞれ移動した。

八月に渡辺が活動を再開すると、浅尾は野党再編に傾いていることを厳しく批判され、党の路線闘争が激しさを増した（『朝日新聞』二〇一四年九月一七日付朝刊）。ついに衆院の解散が明らかになった一一月一九日には、両院議員総会で党の解党を決定することになった。解党後は、民主党に入党するもの、次世代の党に加わるもの、無所属のままとどまるものの三パターンに分かれた。無所属にとどまったもののうち、四名の参院議員は次世代の党を離党した議員と合わせて二〇一五年一月八日に新党「日本を元気にする会」を結成した。

民主党政権の発足と並行して結党されたみんなの党は、民主党政権の凋落にともない、民主党と自公の二大勢力体制のなかで事実上唯一の第三極として存在感を高めていった。しかし、日本維新の会の結成によって存在感が薄まり、創始者の渡辺とそれ以外で路線闘争も起こって解党に至った。

社民党や共産党のように、一定の強固な組織を足元に持っていれば、少数勢力のままでも存続していくことは可能である。しかし、国会議員主導で出来上がった少数新党の場合、連立や政権交代など、何らかの形で政権獲得を目指していかなければ早晩行き詰まる。連立を目指すならキャスティングボートを握る必要があるが、これは他党の獲得議席に依存するので、いわば偶然に期待する戦術になってしまう。事実、衆参とも自民党が選挙で大勝する状況が続いたことで、みんなの党はキャスティングボートを握れないままであった。また、政権交代を目指すなら、選挙制度の制約から大同団結を目指さざるをえず、第三極のまま安住することはできない。

みんなの党の短い歴史は、第三極政党が構造的に抱える「はかなさ」を、象徴的に示したものとなった。

再びの自民大勝

二〇一四年一二月一四日に投開票が実施された総選挙は、自民党が二九〇議席を獲得し、大勝を収めた。民主党は、公示前から一一議席伸ばす七三議席を確保したが、代表の海江田が落選するなど、苦境から脱したとはいいがたい結果となった。維新の党はほぼ現状維持の四一議席、次世代の党と生活の党はそれぞれ二議席ずつに終わり、次世代は一七議席減、生活は三議席減と党存続の危機に直面した。他には共産党が、安倍内閣に批判的な世論の受け皿となり、一三議席増の二一議席を確保した。

野党陣営では、民主党が主導して一定の調整が図られ、二九五ある小選挙区のうち、自民・公明・共産各党以外の候補が一本化されたのは、一九四にのぼった（『朝日新聞』二〇一四年一二月六日付朝刊）。しかし、選挙を目前にした苦し紛れにも映る調整は結果に結びつかず、少数野党が分立する形で選挙戦に挑む困難が浮き彫りになった。

落選した海江田代表が辞任した民主党では、長妻昭《ながつまあきら》元厚労相、細野豪志元幹事長、岡田克也代表代行が立候補して代表選が行われ、岡田が決選投票で細野を破り、代表に選ばれた。岡田は、安倍内閣は右寄りの姿勢を強めているとみて、空いた中道に軸足を置いた姿勢をみせるとしたが（『朝日新聞』二〇一五年一月一九日付朝刊）、そのことで憲法改正に積極的な勢力を抱える維新の党との連携には不透明感が生じた。

また、二議席の獲得に終わり政党要件を失った生活の党は、一二月二六日に無所属の山本太郎参院議員を加え、党名を「生活の党と山本太郎となかまたち」に変更して政党要件を回復した。同党の党名は、二〇一六年一〇月に「自由党」となった。

次世代の党では、当選した園田博之が、次世代の党への合流後に休眠状態となっていた太陽の党に二〇一五年一月一日付で移動した。たちあがれ日本の後継政党であった太陽の党は、これで政党交付金の受給資格を回復した。園田は五月に太陽の党を解党し、次世代の党に復党した。さらに、平沼赳夫と園田が二〇一五年一〇月に自民党に復党し、参院議員のみの政党となった次世代の党は、一二月には党名を「日本のこころを大切にする党」に変更した。

4　野党共闘

橋下の離党

二〇一五年には、四月の統一地方選を経て、五月一七日に大阪市で大阪都構想の是非をめぐる住民投票が実施された。結果は、僅差で否決され、看板政策が実現しなかった橋下は大阪市長を一二月の任期満了とともに退き、政界からも引退すると表明。合わせて、江田維新の党代表も辞任し、後継の代表には松野頼久が選出された。

民主党出身の松野が代表についたことで、民主党との協調関係が深まるかと思われたが、維新のなかには大阪都構想を後押しした安倍内閣に対し親近感を持つ議員も少なくなく、橋下の引退表明はむしろ維新内の路線対立を増幅させる方向に働いた。

折しも、通常国会では集団的自衛権の行使を可能にする安保法制の審議が行われており、これに対して対案を提出して与党との修正協議も辞さない勢力と、民主党などと歩調を合わせて対決姿勢をとろうとする勢力が党内でせめぎあった。橋下も、ツイッターで「維新の党は民主党とは一線を画すべき」と投稿し、民主党との協調に踏み出すことを牽制した(『朝日新聞』二〇一五年六月一五日付夕刊)。

八月には、柿沢未途幹事長が山形市長選で党が推薦しないと決めた民主・共産推薦の立候補予定者の応援演説を行ったことをめぐり、党内対立が表面化した。大阪府知事の松井一郎顧問をはじめ、民主党との協調に批判的な議員から柿沢への辞任要求が突き付けられたが、松野代表と柿沢はこれを拒否。二七日には橋下と松井が維新の党を離党する意向を表明した(『朝日新聞』二〇一五年八月二九日付朝刊)。並行して、維新の党は安保法制の対案は提出したが、与党側との修正協議には至らなかった。

一〇月三一日には、橋下らが新党「おおさか維新の会」を結成し、維新の党の国会議員一九名がこれに参加した。維新の党とおおさか維新の会は、政党交付金の分配が絡む分党の手続きや党名などをめぐって泥仕合を繰り広げたが、年末までには決着し、一二月の代表選で再選された松野は民主党との合流を進めることとした。

また、松野執行部に反発して維新の党を離れたものの、おおさか維新の会にも加わらなかった小沢鋭仁元環境相など五名は、一二月に新党「改革結集の会」を結成した。

維新の再分裂は、一旦は野党の大同団結に舵を切ったかにみえた橋下が、まさにその路線を推進しようとした松野執行部を批判したことがきっかけになった。この「方針転換」には、二〇一四年総選挙と民主党の岡田代表の誕生を受け、大同団結に突き進んでも維新が主導権を握れるとは限らなくなったことが影響していよう。そこに、安保法制という外交・安保政策の理念に関わる法案のゆくえが絡み、小政党化しても理念を明確化して自民党と連携を深める道が模索されたとみることができる。この意味で安保法制は、野党間の大同団結に楔《くさび》を打ち込む効果を持った。

民進党発足

松野執行部率いる維新の党と民主党は、二〇一六年三月二七日に合併し、民主党が「民進党」に党名変更する形で発足した。改革結集の会も、おおさか維新の会に加わった小沢鋭仁を除き、民進党に合流した。代表には引き続き民主党の岡田が就任し、維新の党の江田前代表が代表代行についた。

七月には参院選を控え、二〇一四年総選挙の折に一年半延期され、二〇一七年四月の予定になっていた消費税率の一〇パーセントへの引き上げの判断とも絡み、衆参同日選挙の観測も囁かれるなか、民進党が活路を見出そうとしたのがいわゆる「野党共闘」である。これは、前年の安保法制の国会審議の際、国会戦術として野党が共闘する場面がみられたことが一つの契機となり、これまでの政界再編では蚊帳《かや》の外に置かれることがほとんどだった共産党も含めた野党間の共闘態勢の構築を模索するものである。

ただし野党共闘は、新進党以来の大規模野党の方向性を大きく転換させる意味を持った。それまでは、党としての外交・安保政策の理念は曖昧なままとし、左から右まで幅広い議員を結集させることで、結果として平均的には中道から中道やや右寄りの政策、すなわち自民党政権のそれと近づくというのが大規模野党の姿だった。このことが、外交・安保政策を進んで争点化せず、内政における「よりよき統治」で競うという姿につながっていた。だが今回は、民主党政権の失敗もあり、「よりよき統治」の担い手としての信頼感が薄れるなかで、主に選挙対策として共産党との連携を選択したことになる。これは、政権担当能力をアピールすることに逆行するリスクを孕《はら》んだ転換だった。

四月二四日に投開票が行われた衆院北海道五区の補選で、野党各党が統一候補を擁立すると、自民党候補に敗れたものの善戦し、野党共闘に一定の手応えをつかんだ。そこで、同日選も睨みつつ、野党共闘をさらに推進していくことになった。ただ、共産党との連携に踏み出すことには、民進党の保守系議員からの異論も燻った。二〇一五年一〇月には、共産党との連携に傾く党執行部を批判した松本剛明《たけあき》元外務副大臣が離党するケースもあった。松本は、二〇一七年に自民党に入党する。

消費増税再延期と参院選

安倍首相は二〇一六年六月、二〇一七年四月に予定されていた消費税一〇パーセントへの引き上げについて、さらに二年半延期して二〇一九年一〇月からにすることを記者会見で表明するとともに、衆院解散は見送り、参院選で国民に信を問うこととした。ただ、民進党など主要政党は、軒並み増税先送りに理解を示したため、二〇一四年総選挙に続いて選挙の明確な争点とはなりえなかった。

参院選は七月一〇日に投開票を迎えた。結果は、自民党が五五議席と比較第一党となり、民進党は三二議席、おおさか維新の会は七議席となった。共産党は六議席を確保して改選議席を倍増させ、社民党、生活の党と山本太郎となかまたちは各一議席に終わった。日本のこころを大切にする党と新党改革は議席を獲得できず、新党改革は荒井広幸代表が党の解党を発表した。

この参院選は、野党共闘路線が大型国政選挙ではじめて本格化した選挙となった。三二ある一人区ではすべて候補者調整が図られ、一六選挙区が無所属、一五選挙区が民進党公認、一選挙区が共産党公認の候補に一本化された。結果は、野党系の一一勝、与党系の二一勝となり、三年前は岩手と沖縄以外の一人区ですべて自民党が勝利したことを考えると、一定の成果を収めた。

しかし、全体としてみれば与党にとって堅調な選挙結果であり、二三日に無所属の平野達男が自民党入りしたことで、自民党は二七年ぶりに参院での過半数を回復した。民進党は、三年前に民主党として獲得した一七議席こそ上回ったが、大阪や兵庫ではおおさか維新の会の後塵を拝して議席を失うなど、党勢回復には至らなかった。

おおさか維新の会は、二〇一三年に日本維新の会として獲得した八議席に迫る結果を残したものの、地盤の大阪と兵庫以外の選挙区で議席を確保できず、地域的な広がりを欠いたことから、八月には党名を「日本維新の会」に戻した。

蓮舫代表就任と都民ファースト旋風

民進党では、岡田代表が二〇一六年七月三〇日に任期限りでの退任を表明した。九月の代表選には、蓮舫《れんほう》代表代行、前原誠司元外相、玉木雄一郎《ゆういちろう》衆院議員の三名が立候補し、岡田が進めてきた野党共闘路線を来たる総選挙に向けても維持するのかどうかが大きな争点となった。結果は、岡田などの支持を受け、野党共闘の維持を訴えた蓮舫が、見直しを主張した前原らに圧勝して新代表に就任した。蓮舫代表は、野党として単なる批判にとどまらず、政策を訴える提案路線への転換を標榜するなどしたが、秋の臨時国会でのＴＰＰ承認やカジノ法案などで与党側が強行採決を繰り返すなか、十分な独自色を発揮できたとはいえない。

二〇一七年に入ると、七月に予定されていた都議選を睨み、党内が動揺する。二〇一六年七月の都知事選で当選した小池百合子知事は、知事に転じるまで自民党の衆院議員を務めていたが、党の方針に反して都知事選に立候補して当選し、自民党が多数を占める都議会との対決姿勢を示していた。そこで小池は、自ら率いる「都民ファーストの会」公認で都議選に候補を擁立して都政の基盤を安定させようとした。

小池百合子　1952年生まれ。92年、日本新党から参議院議員に初当選。93年の総選挙で衆院に鞍替えして当選。その後、政界再編にともない新進党、自由党、保守党などを経て、2002年、自民党に加入。環境大臣、防衛大臣を歴任する。野党時代には総務会長を務めた。16年、東京都知事に当選。17年、希望の党を結成するも総選挙では敗北。20年、東京都知事に再選。（2016年、アフロ）

この方針に動揺したのが民進党の都議たちであり、一月以降相次いで民進党を離党して都民ファーストの会に移動していった。この動きが国会にも波及し、四月一〇日には東京が地盤の長島昭久《あきひさ》衆院議員が民進党に離党届を提出した。長島はかねて共産党を含めた共闘に批判的で、離党の理由も野党共闘への不満を挙げた。また、自身の元秘書が都議選に都民ファーストの会公認で立候補を予定するなど、離党後は都民ファーストの会との連携も模索していると報じられた（『朝日新聞』二〇一七年四月一一日付朝刊）。

四月一三日には、細野代表代行が憲法改正をめぐる党執行部の方針が受け入れられないとして、代表代行を辞任した。当面の離党は否定したが、長島に続き保守系議員による野党共闘路線への批判が相次いで表面化する形になった。

七月二日の都議選では、小池知事が率いる都民ファーストの会が追加公認を含め五五議席を確保して第一党に躍り出た。選挙協力した公明党と合わせて過半数を制するとともに、自民党は民主党が大勝した二〇〇九年の三八議席をも大幅に下回る二三議席となり、民進党も前回一五議席から大幅減となる五議席にとどまった。

選挙前に離党者が相次ぎ、結果も振るわなかった民進党では、参院の東京選挙区選出でもある蓮舫代表への風当たりが強まった。早くも二日夜には、憲法論議への執行部の対応に不満があるとして藤末健三《ふじすえけんぞう》政調会長代理が離党届を提出し、七日にも、都議選への執行部の総括がなされないとして横山博幸《ひろゆき》衆院議員が離党の意向を表明した（『朝日新聞』二〇一七年七月八日付朝刊）。

党内から巻き起こる激しい執行部批判を前に、二五日には、野田佳彦幹事長が都議選敗北の責任をとって辞意を表明し、二七日に蓮舫も辞任する意向を示した。

繰り返す再編の歴史

本章では、政権から転落した民主党に代わり、みんなの党や日本維新の会といった第三極に野党再編の主導権が移ったさまを観察してきた。しかし、第三極の政党もまた、政権獲得を目指すには民主党をも巻き込んだ大同団結を目指す必要があるが、そこに踏み込めば党の独自性が損なわれ、しかも落ち目の民主党と連携しても先々の展望が開けないという壁に突き当たった。だからといって単独行となれば、政権獲得は覚束ないので、勢い安倍内閣にすり寄るしかなくなる。

この路線対立は、かつて新進党が経験した、保保連合を志向する小沢グループが自由党を結成して自民党との連立に走り、野党再編を目指すグループが第二次民主党に集ったのと同じ構図である。かくして歴史は繰り返され、多弱野党だけが残った。

第三極に主導権を握られ、なすすべなく漂流するしかなかった民主党は、維新の党との合併で民進党に生まれ変わり、局面の転換が期待されたが、それもはかない期待に終わった。衆院の任期切れも迫るなか、完全な袋小路に陥ったかにみえた民進党に救いの手を差し伸べる存在となったのは、都民ファースト旋風の渦中にあった小池東京都知事だった。党外から伸びる蜘蛛《くも》の糸に、その意図を十分に吟味《ぎんみ》せずに飛びつかざるをえなかったことが、民進党の窮地を端的に表していた。

第8章　政界再々編への困難な道——2017〜2021年

1　希望の党

前原代表再登板

蓮舫代表の辞任を受け、民進党代表選が実施されることになった。立候補したのは、前原誠司元外相と、枝野幸男元官房長官の二人であった。代表選は二〇一七年九月一日に投開票が行われ、前原が枝野を破って代表に就任した。枝野は、岡田克也代表時代に幹事長として野党共闘を進めた当事者だが、前原は共産党を含めた連携より、野党陣営の再編によって活路を見出すことを主張した。前原の代表就任により、これ以上の保守系の議員の離党を食い止めることが期待された。

しかし、民進党の離党ドミノは止まらなかった。代表選前の八月八日には細野豪志元幹事長が、一八日には木内孝胤《たかたね》衆院議員も離党届を提出していたが、九月一三日には鈴木義弘衆院議員、一五日には笠浩史《りゅうひろふみ》、後藤祐一《ゆういち》両衆院議員が党を離れた。このうち木内以外の四名の離党は、小池百合子東京都知事率いる都民ファーストの会の国政政党化の動きと歩調を合わせたものだった。木内も、その後この動きに加わった。

さらに、民進党の混乱をみた安倍晋三首相は、臨時国会冒頭に衆院を解散する方針を固め、二五日に記者会見で表明した。解散の理由として安倍は、二〇一九年一〇月に予定されている消費増税による税収増部分の使いみちを変更し、借金返済ではなく幼児教育や高等教育の無償化などの財源とする考えについて国民の信を問うとした。野党からは、これは解散の理由としてはわかりにくく、大義なき解散だと批判を受けたが、衆院の残りの任期を睨みつつ、混乱する野党の様子を勝機とみて解散したという側面は否定しがたい。

希望の党設立

急な解散風に対し、機敏な動きで対抗してみせたのが小池都知事であった。かねて、二〇一六年の都知事選で小池を勝手連的に支援してから側近と目されてきた若狭勝《わかさまさる》衆院議員が中心となり、国政政党樹立が模索されてきた。しかし小池は、安倍が解散を表明するのと同じ二〇一七年九月二五日に記者会見を行い、若狭らの動きをリセットし、自らが代表となる新党「希望の党」を結党することを発表した。

希望の党には、先に述べた民進党を離党した五名に加え、自民党から福田峰之《みねゆき》内閣府副大臣、民進党から松原仁《まつばらじん》元国家公安委員長、日本のこころの中山恭子《きょうこ》代表、無所属の行田邦子参院議員なども参加する見通しとなり、都議選で躍進して人気を集める小池にあやかろうとする動きが活発化した（『朝日新聞』二〇一七年九月二七日付朝刊）。

二七日に結党の記者会見を開いた小池は、寛容な改革保守政党を目指すことや、「しがらみ政治」から脱却すること、税金の有効活用（ワイズスペンディング）の徹底などを綱領に掲げた。また彼女は、自らは東京都知事にとどまり、総選挙には立候補しない意向も示した。同日夜には、小池と前原が会談し、総選挙で連携を図ることで合意した。希望の党は、日本維新の会とも選挙区のすみわけなどを行っていく方針と伝えられた（『朝日新聞』二〇一七年九月二八日付夕刊）。

結党直後の世論調査では、総選挙の比例区での投票先として、希望の党は一三パーセントと、自民党の三二パーセントに次ぐ数字となり、民進党の八パーセントを上回った（『朝日新聞』二〇一七年九月二八日付朝刊）。

「排除」発言と立憲民主党の誕生

希望の党の結党を受け、民進党は難しい立場に置かれた。足元では、希望の党から総選挙に立候補するために離党する動きが相次いだうえに、希望の党にスポットライトが当たる状況では選挙戦で埋没する可能性も高いと考えられたからである。そこで、前原が選択したのが、民進党を事実上解党して、希望の党に合流するという捨て身の手段であった。

二〇一七年九月二八日には、民進党で常任幹事会と両院議員総会が開催され、前原はその場で総選挙には民進党としては公認候補を擁立せず、民進党からの立候補予定者は希望の党に公認申請して希望の党から立候補する、という方式を提案し、了承を得た。自由党も同様の形をとるとした（『朝日新聞』二〇一七年九月二九日付朝刊）。これにより、来たる総選挙は自民党・公明党と希望の党が政権の座をかけて争う構図となり、それに希望の党と候補者調整をした日本維新の会などが絡む展開になるかと思われた。

しかし、この流れに暗雲が立ち込めるきっかけになったのが、小池によるいわゆる「排除」発言である。前原は、限りなく民進党丸ごとに近い形で希望の党から立候補することを模索したが、公認候補を選ぶ側の小池はこれに待ったをかけた。希望の党への受け入れは、民進党の政策、特に憲法観や安全保障政策で一致できるかどうかが条件になるとし、民進党のリベラル勢力を念頭に、政策が一致しない候補者を「排除する」と明言した（『日本経済新聞』

二〇一七年九月三〇日付朝刊）。

小池にしてみれば、民主党政権の負の記憶をまとった民進党をそのまま受け入れれば、民進党の看板かけ替えにすぎないと批判される恐れがあり、希望の党が単なる第二民進党とは異なることを示す必要があった。他方、受け入れない議員が多くなりすぎれば、自公対希望という選挙戦の構図そのものが崩れる可能性もあり、根本的なジレンマに直面していた。

小池の排除発言には、排除されると目された民進党議員を中心に猛反発が巻き起こった。一〇月二日には、枝野が記者会見を開き、希望の党の政策には相容れないところがあり、志を同じくする民進党議員を集めて新党「立憲民主党」を立ち上げると発表した。立憲民主党の結成により、民進党は分裂し、総選挙の構図も自公対希望の事実上の一騎打ちから変容する展開となった。

加えて、小池自身が代表でありながら都知事は辞任せず、総選挙には立候補しないという姿勢も希望の党のわかりにくさに拍車をかけた。総選挙で過半数を超える候補者の擁立にこだわる一方、首相候補を固められず勝利した場合の政権の姿も示せなかった。

希望の党への世論の期待が急速に萎んでいくなか、岡田元代表、野田佳彦元首相、江田憲司元代表代行、自由党の小沢一郎代表などは、無所属で総選挙に立候補する道を選択した。民進党は、希望の党、立憲民主党、無所属と三分割される形で総選挙に挑むことになった。

一〇月二二日に投開票が実施された総選挙では、自民党が公示前と同じ二八四議席を獲得して勝利し、二九議席の公明党と合わせて衆院の三分の二を超える議席を維持した。野党では、立憲民主党が五五議席を獲得し、公示前の一五議席から大幅に議席を増やした。希望の党は五〇議席で、公示前から七議席減となった。これにより、立憲民主党が野党第一党となり、一時は台風の目になるかとも思われた希望の党は沈んだ。小池は結果を受け、「完敗とはっきり申し上げたい」と敗北宣言した(『朝日新聞』二〇一七年一〇月二三日付朝刊)。

希望の党をめぐる排除騒動の影響もあり、結果的には、勝機を見極めて解散に打って出た安倍首相の賭けが奏功する形になった。

2　希望のあと

戦後処理

希望の党への合流をめぐって三分割された民進党系勢力は、排除騒動の感情的しこりも色濃く残り、当面はそれぞれ別々の道を歩むよりほかなかった。

参院議員と地方組織はそのまま残存し、豊富な政治資金も保有していた民進党では、希望の党への合流方針を見直し、当面党を存続させることとした。前原代表は辞任し、後任に大塚耕平《こうへい》参院議員が就任。大塚代表は、立憲民主党と希望の党の仲介役を果たして関係修復に努める方針を示した。党存続により民進党は参院では依然として第一党の座を維持したが、もはや民進党に未来はないと考える議員も少なくなく、一二月には有田芳生《よしふ》、風間直樹《なおき》、江《え》崎孝《さきたかし》、蓮舫の各参院議員が相次ぎ立憲民主党入りした。

総選挙で衆院の最大野党となった立憲民主党は、選挙目当ての野合に走らず筋を通したことが議席増につながったとして独自色を強めた。他の旧民進党系の政党や会派と統一会派を組んだり新党結成に動くことを拒否し、まずは地方組織もなく発足した党の足場固めを優先する方向に進んだ。

他方、希望の党でも、小池代表の共同代表を国会議員から選ぶ選挙が一一月一〇日に実施され、玉木雄一郎が大串博志《おおぐしひろし》を破って選ばれた。小池は、この選挙の直後の一四日に都政に専念したいとして代表辞任を表明し、その後、党最高顧問となった。

また、無所属で総選挙に当選した旧民進党議員のうち、岡田や江田らは衆院会派「無所属の会」を結成した。

国民民主党の結成

とはいえ、二〇一九年に控えていた統一地方選や参院選への対応を考えると、少数野党が分立する状態では勝負にならないことも確かであり、いかに再々編につなげていくかという課題はどの勢力にも突き付けられていた。

再びの新党作りに最も積極的だったのは、民進党である。二〇一七年一二月には、希望の党と新党を結成して政治資金と党組織を維持する方針を執行部がまとめたが、所属議員からは異論も出され、一部の議員は前述の通り立憲民主党に移動するなどした。そこで、年内の新党構想は断念して、立憲民主党と希望の党の両党に統一会派の結成を呼びかけた（『朝日新聞』二〇一七年一二月一四日付朝刊）。だが、独自路線にこだわる立憲民主党は拒否し、希望の党との協議を進めることになった。

二〇一八年一月の通常国会を前に、幹部レベルの協議で希望の党と民進党の統一会派結成が決まったが、総選挙で希望の党と袂を分かって無所属で当選した衆院議員など民進党内の反発で白紙撤回された。希望の党も、憲法改正に積極的な保守色の強い議員から分党要求が出される一方、野党再編を求めるグループからも突き上げがあるなど、遠心力が強まっていた（『朝日新聞』二〇一八年一月一八日付朝刊）。

三月には、再度民進党が希望の党に合流を持ちかけ、希望の党もこれに応じる方向となった。五月七日、両党が合流して新党「国民民主党」が結成され、玉木と大塚が共同代表についた。衆院議員三九名、参院議員二三名の計六二名が結成に加わったが、両党所属だった議員のうち、約四割は新党に参加しなかった。新党に参加しなかった議員のうち、旧民進党の一〇名が立憲民主党に移り、旧希望の党の五名が保守色の強い新党「希望の党（以下、希望の党〔新〕と呼称）」を新たに結成した。旧民進党に比べて議席は減ったものの、国民民主党会派は参院での第一党の座は維持した。

国民民主党は、「対決より解決」を掲げ、安倍内閣との対決姿勢を強める立憲民主党との違いを打ち出すなど、存在感のアピールに腐心したが、支持率は結党直後の五月の調査でわずか一パーセントを記録し、その後も低水準を維持する（『朝日新聞』二〇一八年五月二二日付朝刊）。九月四日には、代表選で玉木が再選され、共同代表制は廃止された。

立憲民主党の戦略

国民民主党の支持率が低迷するなか、野党のなかでの立憲民主党の存在感は次第に高まっていく。国民民主党の結成に加わらなかった無所属議員や、国民民主党からの離党議員などを少しずつ会派に加えていった結果、二〇一八年一〇月には参院でも立憲民主党会派が最大の野党会派となった。

一〇月には、立憲民主党の日吉雄太《ゆうた》衆議院議員が自由党に移動し、九月の沖縄県知事選に玉城《たまき》デニーが立候補した時点で喪失していた自由党の政党要件が回復するという一幕があった。通常、特に比例区選出議員が他党への移動を理由に離党する場合、離党届を受理せず、除籍処分にすることも少なくないが、比例復活議員である日吉の離党届は受理された。日吉は以前、小沢一郎自由党代表と行動をともにしていた時期があり、立憲民主党が自由党に配慮した結果である可能性が囁かれた（『朝日新聞』二〇一八年一〇月一九日付朝刊）。このように、他の野党との関係を立憲民主党が全く考慮しなかったわけではなかったが、両党の橋渡しを目指そうとする支持母体の連合や無所属の会などの働きかけにもかかわらず、国民民主党との合併には一貫して消極的だった。

そこで、無所属の会は一二月に、会派を解散して希望する議員のみが立憲民主党会派に個別に加わる形を選択した。これにより、岡田、安住淳《あずみじゅん》、江田らが立憲民主党会派に加わった一方、野田らは新会派「社会保障を立て直す国民会議」を結成し、七名が参加した。

このように、立憲民主党は党の独自性に強くこだわり、他の野党を糾合して一本化するという動きには否定的であり続けた。これは、新進党や民主党、それに希望の党が選んだベクトルとは異なるもので、最大野党の選択としては新しいアプローチであった。しかし、独自の道を進んだところで、選挙制度の制約という構造的な条件は変わらない。この状況下、立憲民主党が出した答えは、民進党以来進めてきた共産党を含めた野党共闘の深化であった。

3　模索される再合流

国民・自由の合併と参院選

二〇一九年に入っても、国民民主党を離れて立憲民主党に移動する議員が衆参問わず五月雨《さみだれ》式に続いた。支持率も伸び悩み、苦境に陥った国民民主党は、自由党との合流に踏み出す。通常国会を前にした一月二四日には、玉木代表と小沢代表が会談し、ひとまず両党で統一会派を組むことで合意した。これにより参院第一会派が再び国民民主党会派に移動する見通しとなり、対抗措置として立憲民主党は社民党と統一会派を組み、国民民主党の参院議員を引き抜いて第一会派を維持しようとするなど、両党の対立は泥仕合と化した。

国民民主党と自由党との合併協議は、国民民主党の政策をベースにすることで二月に大筋で合意されたが（『朝日新聞』二〇一九年二月二三日付朝刊）、国民民主党内には立憲民主党との協議を優先すべきだという慎重意見も根強く、最終決定まで時間を要した。四月一〇日には、自由党の山本太郎共同代表が同党を離党する意向を表明し、山本は新党「れいわ新選組」を立ち上げて参院選に臨む。ようやく四月二六日、国民民主党を存続政党とし、自由党は解散する形で両党は合併した。だが、自由党との合併に反対していた階猛《しなたけし》衆院議員が五月一一日に国民民主党からの離党を表明し(『朝日新聞』二〇一九年五月一二日付朝刊)、六月三日には山井和則《かずのり》国対委員長代行も離党した。

政党の再結集は部分的にしか進まなかったが、夏の参院選の一人区での候補者調整は順調に進み、六月までに全一人区で共産党も含めた野党候補の一本化が実現した。一〇月からの消費増税も見据え、安倍首相が衆院を解散して同日選に持ち込むのではないかとの観測も根強くあったが、最終的には参院選単独で行われた。七月二日には、希望の党から国民民主党に加わらなかった細野と長島昭久が自民党会派入りした。

七月二一日投開票の参院選は、自民党が五七議席を押さえ、堅調な戦いぶりをみせた。立憲民主党は一七議席(八議席増)、国民民主党は六議席(二議席減)と明暗が分かれ、日本維新の会が一〇議席(三議席増)と国民民主党を上回ったほか、れいわ新選組が二議席を獲得した。

野党各党が候補者を一本化した一人区に限ると、全三二選挙区のうち野党系が一〇勝を収め、前回二〇一六年の一一勝とほぼ並ぶ結果になった。

新・立憲と新・国民

参院選の結果を受け、それまで独自色を重視し、他党との連携に慎重な姿勢を堅持してきた立憲民主党が方針を転換し、国民民主党と社民党、さらには野田元首相率いる衆院会派「社会保障を立て直す国民会議」に統一会派の結成を呼びかけた。これに対し、参院選の一部選挙区で立憲民主党と競合することもあった国民民主党の参院議員のなかには異論を挟む向きもあったが、四党会派は秋の臨時国会を前に統一会派結成で合意に達した。衆院議員一二〇名、参院議員六一名からなる大規模会派となり、衆院では「立憲民主・国民・社保・無所属フォーラム」、参院では「立憲・国民・新緑風会・社民」という会派名が届け出られた。

二〇一九年一二月には、立憲民主党の枝野代表が国民民主党、社民党、社会保障を立て直す国民会議の三党会派に立憲民主党への合流を要請した（『朝日新聞』二〇一九年一二月七日付朝刊）。一九日から立憲民主党と国民民主党の幹事長による合流協議がスタートし、翌二〇二〇年一月一〇日には枝野・玉木両代表によるトップ会談が開かれたが、合意には至らなかった。立憲民主党側は、国民民主党を吸収合併して党名の維持を主張。これに国民民主党側から反発の声が出て、協議は暗礁に乗り上げ、通常国会前にはひとまず合流協議を打ち切ることになった（『朝日新聞』二〇二〇年一月二二日付朝刊）。

だが、迫る解散総選挙に向け、両党の合流協議は水面下で続いた。七月中旬には、国民民主党側の意向に配慮した立憲民主党が、それまでの吸収合併方式ではなく、両党を解党して新党を結成する方式を提案し（『朝日新聞』二〇二〇年七月一六日付朝刊）、合流の動きが加速した。八月一九日の両院議員総会で、国民民主党は解党を決定し、立憲民主党への合流が決まった。

しかし、玉木国民民主党代表は、消費減税や憲法改正といった自身の主張が受け入れられなかったとして合流を見送り、党丸ごとでの大同団結とはならなかった（『朝日新聞』二〇二〇年八月二〇日付朝刊）。他にも、立憲民主党の脱原発の方針をめぐり、国民民主党所属の電力総連系の議員らも玉木に追随するなどして、衆参一五名の議員が新たに国民民主党を結成した。

新たな立憲民主党は、九月一五日に結党大会が開かれ、初代代表に枝野を選出し、衆参一五〇名の勢力で船出した。国民民主党出身者を吸収した新・立憲民主党は、政権獲得を目指して中道寄りにスタンスを動かすことになったが、国民民主党や維新といった小規模政党も残存するなか、その存在感をどこまで高められるかは不透明なままである。

4　政界再編の未来図

再々編への二つの障壁

日本では、一九五五年から一九九三年まで、五五年体制と呼ばれる安定的な体制が維持され、自民党が三八年もの長期にわたって政権の座にあった。一九九三年の自民党分裂後は、政党の離合集散が繰り返される政界再編期に入ったが、そのきっかけは衆院の選挙制度改革を含む政治改革だった。小選挙区制を中心とした選挙制度への転換により、政党の大規模化が図られ、二〇〇三年の民由合併でそれは一応の完成をみた。しかし、自民・公明両党に民主党が向かい合う二大勢力体制は長続きせず、二〇一二年の民主党分裂とともに再び流動的な状況が生まれている。

現在は、一強多弱ともいわれる状態だが、選挙制度は変わっておらず、少なくとも選挙区単位では「多弱」側も候補者の一本化が不可欠である。その試みが二〇二〇年の新・立憲民主党結成であると考えられるが、同党が中長期にわたって持続可能な勢力たりうるのかははっきりしない。実際、新・立憲民主党の眼前には、二つの障壁が立ちはだかっている。

一つは、ほかならぬ民主党政権の負の記憶である。民主党政権が安定しなかった要因はあまたあれど、その中心に党内抗争を挙げる向きは多い。そして、民主党政権において党内抗争が激しくなったのは、本書でみてきたように民主党が多様な政党の出身者からなる寄せ集めの集団だったからである。選挙で勝負して政権を狙うには、選挙区レベルで候補者を一本化する必要があり、そのための近道は政党の大同団結である。

しかし、大同団結して選挙で勝つことが優先されると、政策のすり合わせは後回しになりがちだ。むろん、最低限の言葉上の統一は図られるにせよ、いざ政権をとった後に具体的な決定を迫られた場合、合意が調達できる保証はない。民主党政権の混乱は、まさにここに由来している。

民主党政権の負の記憶は、一定の年齢以上の有権者にも、当の民主党政権の当事者たちにも濃厚に残存している。再度の政権交代を狙おうとするとき、民主党政権の轍を踏まないためには、党内の意思決定のシステムや、党の政策そのものについて、しっかりとしたすり合わせが必要になると考えるのは、無理からぬところがある。その点が、二〇二〇年に立憲民主党と国民民主党の合流協議がもたついた要因でもあっただろう。

第二の障壁は、民主党分裂や希望の党からの排除といった過去の騒動でこじれた人間関係である。これらはいずれも、党の存亡を通じて個々の議員の生存をも脅かし、落選の恐怖とともに混乱を引き起こした当事者への根強い警戒感を植え付けた。個々の議員の生存本能ともリンクした不信感は、理屈を超えて当事者たちの行動を縛っているものと思われる。

重要なのは、ここで指摘した二つの障壁は、いずれも民主党政権以前には存在しなかったということである。他方、民主党政権誕生前に新進党や民主党が抱えていた構造的なジレンマはそのまま残っている。それは、小選挙区制中心の選挙制度に適応するには、大きな塊を作ることが望ましいが、そのためには内部に多様な勢力を抱えることになり、政策を曖昧にせざるをえなくなるというジレンマである。新・立憲民主党が有力な政権選択の対象たりうるには、従来から存在したジレンマのうえに、その後の展開に付随した二つの障壁も加わったきわめて困難な作業に取り組まなければならない。

選択肢の欠如

とはいえ、自民党・公明党に代わる選択肢が存在することは、日本の政治にとって重要である。自公政権が順調にいっているうちはよいかもしれないが、それが傾いたとき、受け皿すらない状況は国民にとっても不幸である。

かつて、民主党が政権を目指していた二〇〇〇年代の半ば以降は、首長選を中心に地方でも積極的に候補を擁立する方針をとっていたが、十分な地方組織を持たず、それを涵養《かんよう》する余裕もない多弱野党ではこれも難しい。統一地方選の知事選だけに絞ってみても、民主党が参議院第一党になった二〇〇七年をピークに、与野党対決型の構図は減る一方で、有権者の前に実質的な選択肢が十分に示されない状況に陥っている。このところの国政選挙でも地方選でも、投票率が低下傾向にあるのは、実質的な選択肢の欠如と無縁ではない。

政権批判を強め、他方で野党の大同団結に消極的だった二〇一七年以降の立憲民主党の姿は、かつての社会党と重なるところもあった。このような最大野党の姿は、何よりも自民党にとって好都合である。二〇〇九年に大同団結した民主党に政権を奪われた自民党にとっては、野党がまとまりを持つことこそ、最大の脅威だからである。第二次以降の安倍内閣は、まさにこの点に楔を打ち込むことに熱心だった。

「一本化」に求められること

では、大同団結以外に、有力な選択肢を用意する方法はないのだろうか。いいかえれば、有力な選択肢たりうるには、少なくとも選挙区レベルで候補者を一本化することが求められるが、多数の野党が分立する状態でこれは可能だろうか。

単に候補者を一本化するだけなら、これは可能である。既に参院選の一人区で野党はこれを成し遂げている。しかし、単に選挙区ごとの候補者を一人に絞ることと、その候補が有力な選択肢とみなされるかどうかは別の問題である。とりわけ政権選択選挙である総選挙では、候補者を一本化した野党による政権構想がセットで示されなければ、有権者は有力な候補だと認めないだろう。

つまるところ、政党ごと一本化するにせよ、いくつかの政党で調整して候補を一本化するにせよ、求められることは同じである。選挙に勝利した後、どのような政権を樹立するのかという構想と、政権として決めたことは、与党議員全員が守るという規律の維持だ。民主党政権には、前者はマニフェストという形で曲がりなりにもあったが、後者が欠けていた。次なる「民主党政権」を目指す勢力には、選挙前からこれらを有権者にアピールすることが求められる。

ここでいう政権構想には、総選挙で過半数を得た場合の首班を誰にするかや、政権の理念や政策の中身がすべて含まれる。民主党政権の反省を生かし、それを記したマニフェストを作成する段階から、非現実的な内容にならないよう気を配ることも必要になる。その際、具体的な数値を細かく書き込むことより、政策の優先順位や理念をわかりやすく示すことが重要になるだろう。大同団結するにせよ、連立政権の形を目指すにせよ、ここがはっきりしない勢力に政権交代可能なレベルの支持は集まらない。

そして、政権構想の明確化と規律の維持は、表裏一体の関係にある。元来、考え方の異なる政党同士が大同団結あるいは連立するのだから、政権構想を作る際に衝突が起こるのは当然だ。しかし、これは政権の持つ人事などのリソース配分を工夫しつつ、日常的に規律を維持できる仕組みを取り入れていくことで、ある程度軽減することも不可能ではないはずである。洋の東西を問わず、大規模な政党や連立政権内部での対立は日常茶飯事だが、それを理由に分裂が起きることは、必然とはなっていない。

小沢一郎と政界再編

本書でみてきたように、古くは小沢か反小沢か、民主党政権では小沢か脱小沢か、というように、日本の政界再編では小沢一郎という一人の政治家を軸とした対立が繰り返され、再編につながってきた部分は否定できない。小沢は、自身に権力が集まっているときのリソースを独占して配分しようとして不満分子による分裂を招く一方、自身が反主流派になったときは、リソースが配分されないことを理由に党分裂を仕掛ける、という行動を繰り返してきたようにみえる。

党が持つリソースを主流派が独占するウィナー・テイクス・オール（勝者総取り）の方法だと、党の規律を保つのは難しくなる。連立政権ならなおさら、リソースの公平な配分は必須になる。小沢が成功し、失敗してきたことから教訓を引き出すなら、規律維持のためには融和的な党あるいは政権の運営が重要ということになる。

自民党の知恵に学ぶ

もう一つ、非自民政党が学ぶべきは、自民党の知恵であろう。第4章で指摘したように、二〇〇九年に下野が確実になりながら後の民主党のようには分裂せず、自民党が規律を保ったのは、民主党が強すぎるという他党の状況に助けられたところが大である。二〇一〇年になって民主党政権が動揺し始めると、かえって小規模な離党が参院を中心に起こったことは、その証左だ。

しかし、自民党の規律の高さを単なる幸運だと考えるのも正しいとは思われない。自民党には、異論を吸収して、規律を保つ仕組みが日常的に埋め込まれている。その最たるものが、法案の事前審査制における全会一致原則である。政調会の部会、政調会、総務会と進む審査で、全会一致原則が貫かれていることで、異論が強ければ前に進めず、逆にいえば拒否権が強力であるがゆえに少数派はどこかで矛を収め、多数派に倣《なら》うという仕組みになっている。ひとたび矛を収めれば、全会一致なのだから党議拘束をかけることが正当化され、規律は保たれることになる。

法案の事前審査そのものの是非はひとまず脇に置き、規律を維持する仕組みとしてみれば、実によくできた制度になっている。序章で指摘したように、自民党がそもそも大同団結でできた政党であること、そしてその自民党が規律を保つための一つの手段としてこれを用いてきたことを考え合わせれば、これは知恵には違いない。

その点では、かつて国民民主党が取り入れたような総務会方式の導入は、規律の維持に一定の効果を発揮する可能性があるかもしれない。総務会方式とは、自民党が総務会を最高意思決定機関としているのに倣い、執行部だけでなく中堅議員や地方の代表者も巻き込みつつ意思決定に実効性を持たせようとする工夫である（『日本経済新聞』二〇一八年五月一七日付朝刊）。政党における規律とは、決めるときには決める、決めたときには不満があってもしたがう、ということにほかならないが、ただ、お題目のように唱えていてもなかなか実現するものではない。自民党が長い歴史で培ってきた組織維持のための知恵を参考にするのも、一つの考え方であろう。

「一強多弱」の状況は、恐らく長くは続かない。そのきっかけが一強の自滅によってもたらされるのか、多弱側の仕掛けによってもたらされるのかは読めないが、この両方の条件が揃ったときには、我々の眼前に新たな政党間競争の図式が広がるだろう。

政界再編は、なお道半ばである。

終章　政界再編とは何か

1　再編のメカニズム

前提条件の変化

本書では、いわゆる政界再編に焦点を当て、その歴史を振り返ってきた。本章では、政界再編全体を俯瞰《ふかん》したときに見出されるいくつかの特徴についてまとめ、政界再編とは何であったのかを考察していく。

まず、一九九三年以降の政界再編が引き起こされた直接的なきっかけは、前提条件の変化である。前提条件とは、選挙制度であり、その変化とは衆院の選挙制度改革を含む政治改革を意味する。

政治家が政治家たりうるには、選挙での当選が不可欠のため、選挙制度が変われればそれに適応するべく政治家の行動が変化するのは当然のことだ。一般に政治家は、当選するのに、より有利な政党に所属したいと考えるから、現在の所属政党がそれに見合わないとみなせば、政党の移動を模索する。選挙制度が変わると、「より有利な政党」の姿が以前と変容する場合があり、中選挙区制から小選挙区比例代表並立制への変更はまさにそのきっかけを与えた。すなわち、無所属や小政党でも当選できた制度から、大政党ほど有利になりやすい制度に変わったことで、大政党への所属が促された。

大政党に分裂の芽が生まれるとき

この前提のもと、政界再編は進んでいく。大規模政党が求められる制度的条件があるのだから、大同団結が進む一方向の変化のみが起きそうであるが、実際には必ずしもそうではなかった。小政党には比例代表で一定の議席確保が見込める一方、大政党は多様な政策志向の議員を必然的に抱えるため、党としての規律の維持が難しくなる場合が生じるからである。

しかし、すべての大政党が路線対立から分裂に至るわけではない。そこで、選挙のために作られた大政党が、どのような状況に陥ると分裂を引き起こしやすいかが重要になる。大政党は、党内に路線対立を抱えているので、これが何かのきっかけで表面化すると、分裂を誘発する。そのきっかけは、一つには近い将来の選挙の見通しだ。一定の支持が集まっている大政党なら問題はないが、支持率が低下して勝てる見通しが低くなってくれば、ほかの政党で選挙に挑んだ方が生き残れる可能性が高くなると考える政治家が現れる。いわば落ち目になった大政党には、分裂の芽が生まれる。

政党間競争の構図

ここで重要なのは、その時点での政党間競争の構図である。小選挙区制は二大政党化を促すといわれる。実際には、全国で単純に二大政党化につながるとは限らないものの、選挙区レベルで有力な候補者が二人に絞られる傾向がある。自分の所属する大政党が落ち目になったとき、生き残る確実な方法の一つが、選挙区で競合関係にあるもう一つの大政党に移動することである。しかしこれは、もう一つの大政党も候補者選定すらままならない弱い状態にない限り、既にライバル候補が同じ選挙区に擁立されているはずである。逆にいえば、もう一つの大政党も弱い状態なら、引き抜きが起こる可能性がある。

また、二つの大政党がともに弱含みなら、第三極の新党が一定の結果を残す見込みも高まる。衆院の選挙制度が比例代表制を並立しており、比例区では小政党でも一定の議席を確保できるため、第三極にも参入の余地がもともと存在している。仮にもう一つの大政党が候補者を固めてしまっていて移動がかなわなかったとしても、第三極の新党を作って選挙に挑めば生き残りにつながる可能性が出てくる。

このように、大政党が十分な支持を調達できていない場合にも、第三極が伸長する余地があるため、大政党からの分裂が促されやすくなる。支持を集める大政党があれば、そちらは規律も高い状態になりやすく、第三極も支持の広がりを欠く可能性が高いので、弱い大政党の側も分裂しにくくなる。

大政党がいずれも弱含みなら、第三極は選挙で一定の結果を残す可能性があるが、その状況が持続する保証はない。大政党のなかに態勢を立て直すところが出てくると、第三極の生存が危うくなるので、大同団結を模索する必要が生じる。そして大同団結の先には、同じ光景が繰り広げられることになる。

再編はなぜ起こるか

政界再編は、選挙制度の変更によって起こった。小選挙区中心の選挙制度への変更によって、小政党は生き残りのために他の党と大同団結を目指す必要が生まれた。しかし、大同団結すれば党内に多様な志向の政治家が包含され、ひとたび落ち目になってくるとこの亀裂が表面化しやすくなる。

だが、もともとある亀裂が分裂に至るか否かは、その時点での政党間競争の構図に依存する。ほかの大政党も弱く、第三極が参入しやすければ、分裂が促進されやすくなるのである。その後は、第三極の生き残りのための大同団結が試みられ、再編がループしていく。

前提条件にあたる選挙制度を所与とすると、政党間競争の構図はいわば他力本願だから、大政党が分裂を避けるためにはいかに落ち目にならないかに尽きる。与党なら支持率を高めに維持しつつ、リソースを党内にあまねく分配して対立の芽を摘むこと、野党なら政権獲得に向けての準備を進めながら、選挙で一定の結果を残して期待を高止まりさせることである。では、有権者からの支持をつなぎとめるために、どのような政策を訴えればよいのかについては、第3節以降で詳しく述べる。

2　タイミング

年末に再編が起こる理由

次に、再編が実際に起こるタイミングについてみていきたい。まえがきで述べたように、新党の結成は年末の一二月に多くみられる。正確には、一二月に動きが始まり、一月の冒頭に届け出がなされるケースもあるので、年明け早々にも新党結成が増える傾向にある。

表1

新党の結成時期（1993年から2020年）

	1月	2月	3月	4月	5月	6月
結成数	10	0	1	8	3	2

7月	8月	9月	10月	11月	12月	計
1	5	7	2	6	13	58

注1：1994年12月の新進党へのつなぎ新党として結成され、6日間だけ存続した公明新党は含めていない。
注2：改称や、休眠状態の政党の復活は含めていないが、合併や分裂をともなった場合は算入した。
出典：山本（2015）を基に、筆者作成

表1は一九九三年以降二〇二〇年九月までに結成された五八の新党の結成時期についてまとめたものである。一月と一二月に合わせて二三の新党が結成されており、その割合は三九・七パーセントに及ぶ。

これは、一九九四年にまとまった政治改革によって新設された政党助成制度の影響が大きい。政党助成制度は、一年につき国民一人あたり二五〇円、合計およそ三〇〇億円を財源として、国会議員が五名以上所属するか、国会議員を有し国政選挙で二パーセント以上の得票率があった政党に対し、その勢力ならびに得票率に応じて比例配分して助成金を交付する仕組みである。政党助成制度で交付対象となる政党は、毎年一月一日時点での所属議員数を基準としている。

そのため、新党を結成するなら一月一日に間に合うように年内か、遅くとも年明け早々までに行うことで、政党交付金が受け取れるようになる。年明け早々でも構わないのは、基準日翌日から一五日以内に届け出れば一月一日時点の新党結成として認められるからだ。新党結成が年末か年明けに集中するのは、この事情によるところが大きい。事実、一月に結成された一〇の新党は、いずれもその年の政党助成の交付申請を行っている。

駆け込み新党

次に、表1からは、選挙直前の駆け込み的な新党結成がみてとれる。四月結成の新党は、一九九四年の細川内閣総辞職にともなう新党みらいと自由党（旧）、二〇〇〇年の自由党（新）の連立離脱にともなう保守党の結成を除く五例は、参院選が実施される年のものである。一九九八年の第二次民主党、二〇一〇年のたちあがれ日本と新党改革、二〇一九年の国民民主党とれいわ新選組のいずれも、およそ三カ月後に迫った参院選を睨んでの新党結成と目される。

あらかじめ実施時期が見通せる参院選と異なり、総選挙は直前にならないとはっきりしないケースも少なくない。八月の五例のうち、二〇〇五年の国民新党と新党日本、それに二〇〇九年のみんなの党は、いずれも総選挙間際の結成である。九月の七例のうちの三例、すなわち一九九六年の第一次民主党、二〇〇三年の第三次民主党、二〇一七年の希望の党は解散が明らかになってから結成された。六例ある一一月のうちの五例は二〇一二年のもので、解散と絡んでの結成であった。

仮に総選挙の行われた月とその前の二ヵ月、参院選が行われる年の四月から七月を「選挙直前の結成」と定義すると、二一の新党が該当する。これは全五八新党のうちの三六・二パーセントを占め、先に述べた一二月・一月の新党と合わせると、七五・九パーセントがこの二種類の時期に結成されている。

つまり、新党結成にあたっては、政党交付金という資金と選挙での生き残りという目的が最終的な引き金になりやすいことを示している。後述するように、政党の結成である以上、政策的な理由はむろん絡むのだが、結成時期の決め手になるのは資金と選挙になりがちということである。

その他の時期

その他の時期をみると、新党みらいや新旧自由党のように、内閣や政権の枠組みの交代に関連するケースがあるのに加え、より大規模な政党に結集する形で新党が作られ、それに反発したグループが別の新党を結成する例がある。

二〇一四年九月の維新の党結党の際は次世代の党が、二〇一六年三月の民進党結成の際はおおさか維新の会が、二〇一八年五月の国民民主党結党時は希望の党（新）が、二〇一九年四月の国民民主党への自由党合流の際はれいわ新選組が、二〇二〇年九月の新・立憲民主党の結成にあたっては新・国民民主党がそれぞれ結成され、計一〇例にのぼっている。

大同団結で新党を結成する場合、基本的に政党交付金は個別の政党が受け取っていたものを足し合わせて受け取れるため、政党助成制度の基準日とは直接連動しない。二〇一四年以降の事例が目立つのも、選挙を意識しつつも日常的に多弱状態の野党再編が模索された結果、選挙直前でも年末年始でもない新党結成が続いたものと考えられる。

二〇〇〇年六月から、公職選挙法が改正され、衆参の比例区選出議員が他党に移動することに制限が加えられることになった。ただ、無所属となることや、選挙時に存在しなかった新党への移動、合併や分割にともなう移動はこの限りではないとされ、大同団結の際にはこの点も意識されて手続きが進められてきた。

3　政策との関連性

個別具体的な政策

政党には、政策を実現するための手段という一面がある。その意味では、政界再編は何らかの政策に基づいて試みられるはずだが、実際に振り返ってみると、再編のきっかけになる

「政策」には、主に二種類のものが含まれていると気付かされる。

一つは、政治改革や郵政改革、消費増税に賛成か否かというような、個別具体的なレベルでの「政策」である。もう一つは、競争優先か格差是正か、憲法九条の改憲か護憲か、といったような、理念、あるいはイデオロギーのレベルでの「政策」である。これら二つのレベルの「政策」が交錯しながら、政界再編を規定してきた。

まず、個別具体的なレベルでの政策が引き金となる再編をみてみよう。たとえば、一九九三年の自民党分裂は、政治改革の賛否をめぐって引き起こされたし、二〇〇五年の国民新党や新党日本の結成は郵政民営化の賛否、二〇一二年の民主党分裂は消費増税の是非が引き金だった。

特定の政策課題をめぐって分裂が起こるケースに特徴的なのは、いずれも与党からの分裂だという点である。ある政策に関わる法案が成立するかどうかは、一般に与党の意向に左右される。ねじれ国会の場合などの例外はあるが、与党が党議拘束をかけると決めれば実現する。そこで、執行部の意思と反する方向で与党の一部議員が法案の実現／非実現を求めることが起こりうる。

普通、与党にいることには野党にいるよりも個々の議員にとって旨味があるから、自分の意思に反する方向で執行部が法案を処理しようとしても、即座に離党するという話にはなりにくいはずだ。しかし、当該議員にとって譲ることができない重要な内容を含むものであれば話は別だし、世論の動向によっては党内のもともとあった権力闘争が絡むこともある。

どのような法案であれば決定的な対立に発展するのかを事前に予測することは難しい。しかし、政治改革、郵政民営化、消費増税の三つのケースに共通する条件を考慮すると、(一)賛否がはっきり分かれて妥協の余地が乏しく、(二)世論もどちらかに傾いており、(三)党内のもともとあった対立がこれと並行する場合、ということであろう。

政治改革、郵政民営化、消費増税とも、やるかやらないかの二択であり、その他の選択肢を探って妥協することが難しい。また、こうした政策課題は有権者にとってもわかりやすく、賛否のどちらかに世論が動くことも多い。そのため世論を根拠にした大胆な決断を促しやすい。さらに、党内でもともと主流派と反主流派のような対立があり、それが深刻なものであればあるほど、この種の政策課題がいわば隠れ蓑《みの》のような役割を果たし、対立が先鋭化しやすくなる。

個別の政策を理由に分裂が起こった三つのケースは、いずれもこの三条件を満たしている。野党であれば、党内に路線対立があったとしても、直接政策の実現には関わらないので、世論を巻き込むことにはつながりにくい。したがって、個別の政策を理由とした再編は、主に与党を震源地として引き起こされることになる。

理念の不一致

次に、二種類の政策のうち、どの政党も一定の考慮を払ってきたのが理念に関わる政策である。理念がはっきりしなければ、目指すべき方向性を有権者にわかりやすく伝えることもままならない。選挙の際に公約を作ろうとしても、理念に基づいて演繹《えんえき》的に策定しなければ、全体としてまとまりのないものになる恐れがある。

しかし、理念にこだわりすぎることは、殊に新党の場合は別の問題を引き起こす。一時期のヨーロッパ諸国のように、言語や宗教といったいわゆる「社会的亀裂」によって政党が仕切られていれば、政党の理念は定まりやすくなる。だが、政界再編期の日本の新党にはそうした草の根から生じる理念は望むべくもない。そもそもが、国会議員の政党間移動によって「上から」引き起こされる再編である以上、「下から」必然的に仕切られる理念は希薄にならざるをえない。

一定の仕切られた支持者を前提に、その理念に沿って形成された政党であれば、理念に合致する候補者を選定して、大まかに政策が一致した議員が集うので凝集性が維持されやすい。しかし、元来は異なる政党だった議員の寄せ集めで新党を作る場合、理念が一致する方がまれである。

　したがって、日本の政界再編では、特に大政党を作ろうとする場合は理念の不一致にある程度目をつぶる必要があり、理念に強くこだわる場合は小政党を結成することになるという前提のもとで、再編の試みが繰り返されてきた。

「よりよき統治」

　一九九四年の政治改革で、衆院の選挙制度改革が実施されてからは、小選挙区中心の選挙制度に対応するため、政権を狙う政党は候補者の一本化を図ることが必要になった。自民党はそもそもが大政党であり、連立政権が常態化してもパートナーの政党と候補者調整を徹底して一本化を大筋で維持し続けてきた。対する非自民政党の側は、小政党が林立する状況にあったため、手っ取り早い手段として大同団結を目指すことになるが、出自の異なる複数の政党が一緒になれば、理念の衝突は不可避となる。

　新進党、民主党と続いた大同団結型の非自民政党は、理念の問題にどのように向き合ってきたのであろうか。これらの政党は、外交・安保政策や経済政策といった伝統的な政策領域についての理念は無理に一本化しない代わりに、別の団結可能な理念で代替する形をとってきた。それが、自民党政権と比較して「よりよき統治」を目指すという方向性である。

　新進党は、「たゆまざる改革」を旗印に掲げ、政治・行政・社会の改革を積極的に実行していくことを理念とした。これは、五五年体制を主導し、従来の体制そのものでもある自民党へのアンチテーゼとして、改革志向の強さを掲げたものである。新進党結党時には、中央省庁再編などが主要な政策課題に浮上しており、こうした場面で自民党よりも踏み込んだ改革を断行して「よりよき統治」を担える、との主張だ。

この裏にはもちろん、たとえば外交・安保政策では、自衛隊の海外活動に積極的な議員からそうでない議員まで、幅広い志向を包含せざるをえず、すり合わせを急げば党の分裂を促進しかねないという事情があった。結党宣言などをみても、外交・安保や経済などについて、はっきりした理念はうかがえない。

新進党の後を受けて非自民の最大野党に躍り出た民主党も、理念に関する事情は新進党と大きく変わらなかった。外交・安保は曖昧なままにして突き詰めた議論は避けたし、経済政策も第二次民主党結党当初は都市住民を意識した改革志向だったものが、自民党が新自由主義に傾いた小泉内閣以降は格差是正に力点を置いた。これは、自公政権の姿勢の変化に合わせて、「よりよき統治」の方向が変わったことを意味する。他方、自公政権が官僚主導の政治だと位置づけて政治主導の貫徹を訴えたのは、より急進的な改革が実行できると主張した新進党と同じく、自民党へのアンチテーゼであった。「コンクリートから人へ」という二〇〇九年総選挙のマニフェストのスローガンも、「よりよき統治」を目指す形なら、党の凝集性を保ちやすいという事情が背景にある。

4　「よりよき統治」のために

左右イデオロギー

新進党や民主党が「よりよき統治」を目指す集団としてまとまりを保ち、オリジナルで内発的な理念を十分には持たなかったとしても、結果的に、あるいは選挙戦術的に浮かび上がった理念がなかったわけではない。それは、「よりよき統治」を目指すという方向に説得力を与え、現実に目配りした政策が遂行できることを裏打ちするために、中道寄りの路線を志向したということである。

図1をご覧いただきたい。これは、有権者の政策志向をとらえるうえで、最も簡便な「左右」のイデオロギーに絞り、有権者の分布を示したものだ。有権者の政策志向は、むろん政策の分野によってさまざまであるが、実際に有権者が投票する際、細かい分野ごとの違いを十分に吟味することはまれであろう。それを試みたとしても、政策分野ご

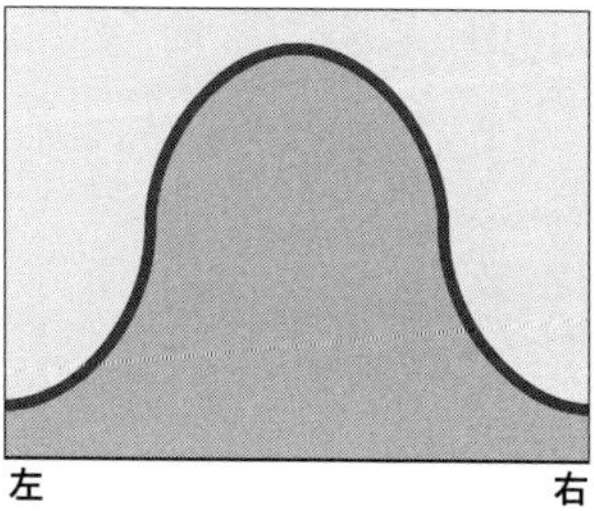

図1
左右イデオロギーでの有権者分布

とに自分に近い政党や候補者は異なることも珍しくない。むしろ、左右という一次元で、大まかに自分や政党、政治家の政策位置をとらえたうえで、投票先を決めるという方が、より簡便で実態に近いのではなかろうか。

図1が示しているのは、有権者全体の分布でみると、極左、極右といった極端な政治を好む有権者ほど少数で、最も多くの有権者は中道の穏健な政治を好む、ということである。事実、日本の有権者は、一九九〇年代以降全体の山がやや右側にシフトしつつも、大筋でこの図のような政治意識を持っていることが知られている（谷口、二〇二〇）。今、仮に有権者は自分の政策位置を認識しており、選挙ではそれに最も近い距離にある政党・候補者に投票すると仮定しよう。

政策位置の変遷

図2は、五五年体制下の自民党と社会党の大まかな政策位置を表したものである。自民党は、結党以来、改憲を党是としてきたが、池田勇人内閣以降は経済最優先の路線に転換して長期政権を維持した。つまり、総体として中道やや右寄りの姿勢を堅持してきたことを意味する。それに対し社会党は、民社党や社民連の切り離しで左傾化を強めた。こうなると、最大のボリュームゾーンである中道が空くが、公明党は宗教団体との結びつきが強い特殊な性

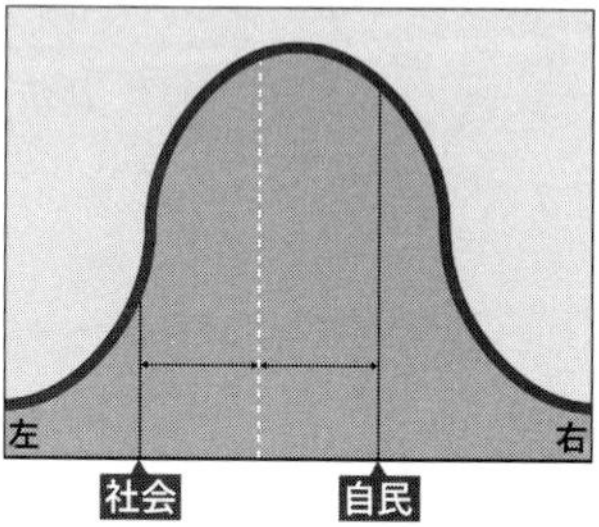

図2
55年体制の左右イデオロギー

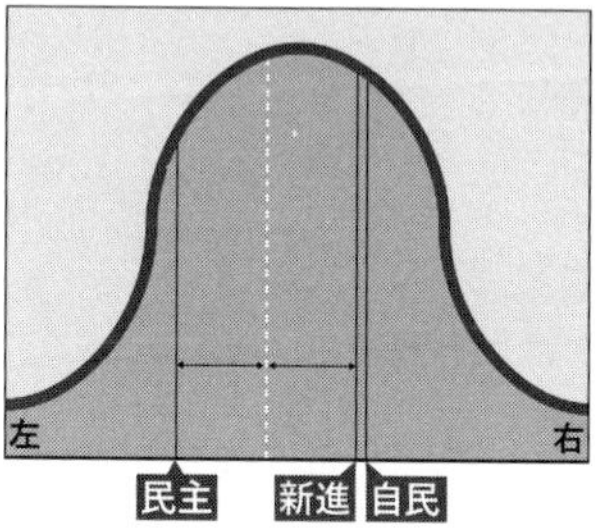

図3
1996年総選挙時の左右イデオロギー

格の政党であり、ここを押さえられない。そこで、社会党より相対的に中道寄りの自民党がボリュームゾーンを押さえ続けることになった。図2で、自民党と社会党の政策位置の中間に点線を引いたが、この右側の有権者は自民党を、左側の有権者は社会党を支持することになり、自民党が社会党より多くの支持を集めることがわかる。

図3は、自民党と新進党に加え、民主党が参戦した一九九六年総選挙の状況である。自民党と新進党は保守寄りでほぼ重なる位置にあり、ボリュームゾーンが空いている。もし新進党より左側に政党がなければ、ボリュームゾーンを含む左側の有権者は新進党が総取りできる。しかし、社会党よりやや右側の位置の民主党が加わったことで、それはかなわず、自民・新進両党と民主党の中間を示す点線より左側は民主党のものとなり、新進党と分け合う結果になった。

新進党の解党を経て、最大野党となった第二次民主党に自由党が合併して第三次民主党となり、二〇〇九年を迎えると、

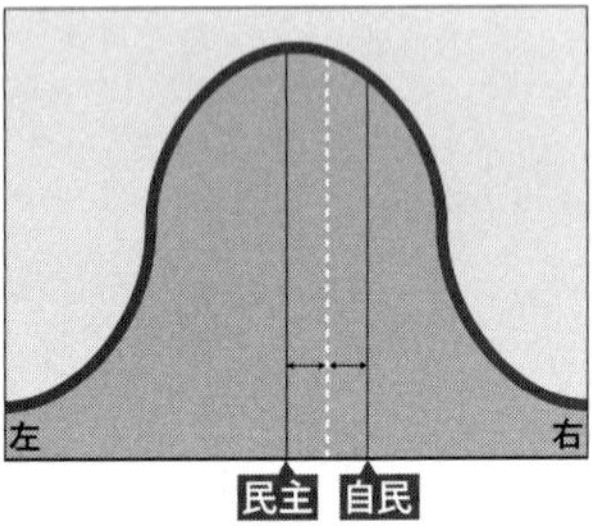

図4
2009年総選挙時の左右イデオロギー

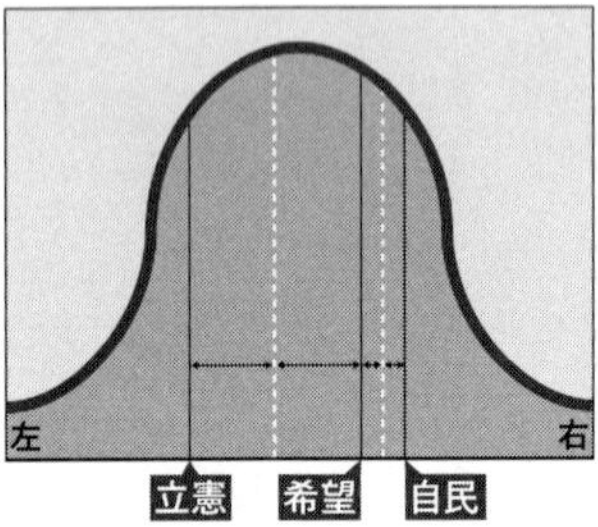

図5
2017年総選挙時の左右イデオロギー

図4の状況が出現した。ここでは、自民党のやや左、すなわち中道に民主党が位置し、自民党と民主党の中間の点線より左側はすべて民主党の票田となる。ここにはボリュームゾーンが含まれ、民主党への支持は自民党のそれを上回る。社民党など最左翼側の政党も含めた選挙協力体制の構築も、民主党による総取りを可能にした。ここに、政権交代は実現したのである。

民主党政権の崩壊後は、多弱野党状態が続き、民主党は次第に左へと軸足を移していった。その象徴が、共産党を含めた野党共闘の構築である。この結果、ボリュームゾーンの中道は自民党に引き寄せられ、国政選挙では自民党の勝利が続いた。

しかし、二〇一七年総選挙直前に希望の党が結成され、一時的に大きく状況が変化した。このとき、民主党の後継である民進党が、希望の党への事実上の合流を決めたが、希望の党の小池百合子代表による排除発言が問題となった。このときの政策位置を示したのが図5である。改憲志向の安倍晋三総裁のもとで自民党が図4に比べてやや右側に寄っている。

小池のいう「穏健な改革保守」は、まさしく「自民党よりやや左の中道保守」であり、希望の党より左側にどの党も参入しなければ、第三次民主党が政権奪取につなげたときに近似する。合流を決断した前原誠司民進党代表の判断も含め、政策位置のことだけを考えれば、これは至って合理的な選択である。

しかし、この時点では民主党政権の負の記憶が加わっており、民主党の二の舞ととられては厳しいと、小池の排除発言につながった。排除した結果、立憲民主党が結成され、図3の新進党のときと類似した状況に変化した。こうなると、希望の党が獲得できるのは自民党との間にある点線より左側の狭い部分と、自らより左側で、希望と立憲の中間にある点線より右側になり、得られる票が限定されてしまう。

希望の党は、民主党政権の轍を踏まないよう注意せざるをえず、結果として新進党と同じ失敗を繰り返すことになったのである。

中道を目指して

図1から図5の状況は、左右イデオロギーだけに絞って簡易化して政策理念と政界再編の

関係を振り返ったものにすぎず、起こったことのすべてを描写できているわけでは当然ない。しかし、政策理念の変遷をとらえることには一定程度役立つと考えられる。事実、ここでの描写は加藤淳子《じゅんこ》東大教授や筆者らが行ってきた政党の政策位置についての専門家調査の結果（データの集計結果は加藤淳子研究室のホームページで閲覧可能）とも大筋において整合的である。

政策理念に関する変遷を振り返ってわかるのは、自民党に対抗するための大同団結政党は、中道に位置して、有権者のボリュームゾーンを押さえることが重要だということである。そして、自身より左側にいる政党を糾合するか、選挙後に連立政権を組むことを前提に選挙協力を徹底することも求められる。実際、これに成功した二〇〇九年の民主党は政権交代を果たし、その他のケースではうまくいっていない。

ここでいう中道とはすなわち、外交・安保政策などの伝統的で大きな理念については現状維持的である一方、自公政権に比べて「よりよき統治」を実現できるというアピールを説得的に展開することだ。「よりよき統治」の中身は、政治改革から統治機構改革、そして格差の是正と、時代の変化に応じて変わりうる。時代の変化に即応しつつ、「よりよき統治」の実現性に説得力を持たせることが、中道の有権者の求める野党の「政権担当能力」なのである。

野党共闘の是非

この点との関連で想起されるのは、共産党も含めた野党共闘の是非である。単純に考えれば、共産党も含めて共闘体制を構築することで、自民党より左の中道付近に位置すれば、そのさらに左側の有権者は総取りでき、政権獲得がみえてくる。

事実、民主党が政権を獲得した二〇〇九年の総選挙では、それ以前は大半の小選挙区に公認候補を擁立していた共産党が、およそ半分の一五二小選挙区の候補者擁立にとどめたことで、民主党を利する結果につながった。しかし、共産党と組めば、中道の有権者に見放されてしまう可能性は残る。このことを危惧する旧民主党出身議員が続々と自民党入りしている現実もある。

共産党を含めた野党共闘では、個別の政策では共闘を組む政党間での違いが目立ち、共通項を見出すのが難しい。このことは、共産党は含めずに大同団結して政権交代を果たしつつも、党内対立が激化して与党のまま分裂に至った民主党の例を想起すれば明らかだ。共闘で一本化された候補者が「脱原発」を掲げるケースが少なくないのは、脱原発が野党間で一致をみやすい事実上唯一のテーマだからである。確かにエネルギー政策は重要には違いないが、それ以外の重要な政策分野もあり、シングルイシューで多数の有権者を引き付けるには弱い。

野党共闘を重んじるあまり、中道の有権者を引き付けられなくなってしまっては本末転倒である。共闘の構築は中道の有権者を引き付けることが前提とならなければ、持続可能なものにはなりえないと思われる。ゆえに、共産党からの選挙における一方的な協力を期待しつつ、政権構想の共有というところまでは踏み込めない状況が続くのではないか。

今後の立憲民主党

二〇一七年総選挙で、左側の有権者を味方につけ、希望の党の狙いを打ち砕いた立憲民主党は、その後もしばらく自身の政策位置に近いリベラルな有権者の支持を固めることに専念してきた。選挙目当ての容れもの作りとの批判を免れえなかった希望の党と距離をとり、自らの志向する政策に忠実であろうとした姿勢こそが、立憲民主党を野党第一党に押し上げた。だが、急ごしらえの結党で、地方組織など党の足元が十分に出来上がっていない。この段階では、まず足場固めに専念するのは当然であった。

しかし、本書でみてきたように、「リベラル」のような大きな理念が前面に出ると、中道の有権者にアプローチするのが難しくなる。安保法制が違憲であり、立憲主義に立ち返るべきだといった主張は、まさにその典型だ。また、自民党と政策の距離が遠いゆえに、政権批判は鋭さを増す。鋭い批判は、左側の有権者の不満に応えることにはつながる反面、中道の有権者の求める現実的な政権担当能力のアピールには逆行してしまう。

二〇一九年の参院選以降、立憲民主党は自身より右側にいる国民民主党などとの連携に踏み出し、二〇二〇年には一部を吸収した。これは、左から右に次第にウィングを広げ、政権交代につなげたかつての民主党がたどった道を再現しようとしているようにも映る。立憲民主党には、一度ついた左寄りのリベラル政党というイメージを発展的に脱却し、中道の有権者にどのようにアプローチしていくかが問われることになる。

大規模な非自民政党が政権を担う対象とみなされるには、第三極を抑え込みつつ、中道を自らに引き寄せる必要がある。自民党の政策位置が変わらない限り、これは政権交代のための必要条件とさえいえる。政界再編の歴史が教えてくれる重要な教訓の一つである。

あとがき

政界再編の起点を一九九三年の自民党分裂に置くと、その歴史は優に四半世紀を超えた。しかし、再編以前と現在を比べてみると、意外なほど似通った風景が広がっていることに気付かされる。

最大野党が、近い将来の政権の担い手というよりは批判勢力に甘んじ、政権交代の選択肢は事実上ない。自民党の長期政権が継続することが半ば前提のまま、時の政権への評価のみを争点とした選挙が繰り返される。長い政界再編期を経て、さながら五五年体制の政党政治が再来したかのようにもみえる。

しかし本書では、一見かつてと同じようにみえて、その実は大きく異なることを明らかにしようと試みた。自民党は、五五年体制ではほぼ意識することがなかった下野の脅威を常に念頭に、野党の分断に余念がない。野党の側もまた、選挙制度が要請する大同団結の必要性と、それにともなう政策の雑居性を克服して党の凝集性を維持することのジレンマと向き合い続けている。

そこには五五年体制とは異なる明らかな緊張関係があり、現在の一強多弱の政党政治の姿は、永続的なものとはほど遠い。将来また政権交代が起こる際、政界再編をともなう可能性も低くないだろう。そのとき、過去の経緯を振り返って教訓を引き出し、再編の方向性を占う材料たりうることを本書は目指したつもりだ。その評価は、読者に委ねたい。


筆者は、大学院に進学して以降、政界再編をテーマとする研究を軸としてきた。博士論文を完成させた二〇〇九年は、民主党政権が誕生した年にあたる。その時点では、二つの全く異なる未来がともにありうると考えていた。

一つは、政権の座についた民主党が、政策や予算など与党ならではのリソースを所属議員にあまねく配分し、それを梃子にさながら「第二自民党」として凝集性を保つ道。もう一つは、幅広い政策志向を持つ議員が集った政党ゆえ、実際に政策決定を強いられる際に路線対立が表面化して、まとまりが脅かされる道であった。

いうまでもなく、現実は後者の道をたどったのだが、その場合でもほどなく野党の大同団結はなされ、形を変えた「民主党」が、自公政権と政権獲得をかけて向き合う構図に回帰するだろうとみていた。今となっては不明を恥じるばかりだが、実際には一強多弱状態が一〇年近くにわたって継続する結果になっている。

したがって、民主党政権誕生後の展開を含めて政界再編の歴史を再度とらえ直す試みは、筆者にとって過去の研究を体系的にバージョンアップする意味で必要不可欠なものでもあった。その絶好の機会となる本書執筆のお誘いを頂戴したのが二〇一六年のことと記憶しているが、その後希望の党の騒動などもあって再編そのものが不透明になったこともあり、執筆は遅々として進まなかった。現在進行形の題材を取り扱うことの面白さと難しさを改めて痛感する日々でもあった。ここにようやく出版までこぎつけ、安堵《あんど》している。


本書の執筆にあたっても、折に触れて激励いただくなど、学位取得後一〇年余り経ってもなおご指導いただいている加藤淳子先生には、一言では表しきれない感謝の思いがある。筆者が勤務する北海学園大学法学部の同僚諸氏や事務職員の方々にも、コロナ禍でも変わらず自由な研究環境を与え続けてくださっていることに、御礼申し上げたい。他にも、陰に陽にお世話になった方々は数えきれない。お一人ずつお名前を挙げない無礼をご容赦いただければ幸いである。

執筆中、事あるごとに遅筆の筆者を励まし、内容面でも適切な助言を頂いた元中公新書編集部の上林達也氏のお力なくして、本書は完成しなかった。上林氏の後を受け継いでくださった田中正敏編集長にも、鋭いご指摘を多数頂戴するとともに、図表などの整理でも大変お世話になった。本書が少しでも読みやすいものとなっているとすれば、田中氏によるところが大である。

コロナ禍で、縁も所縁《ゆかり》もない北海道から自由に出られなくなってもなお、明るさを失わない妻・雅子の支えがあってこそ、筆者の心身の安寧は保たれたと思う。本書の執筆を依頼された際、当時編集長を務めておられた白戸直人氏が、「一〇年経っても読まれるものを目指したい」とおっしゃったことが、執筆中は常に頭にあった。本書が価値を保っているかはわからないが、一〇年後の読者の一人に、今はまだ小学生の長男・泰志が加わってくれるなら、筆者にとってこれ以上の喜びはない。

二〇二一年五月

山本健太郎

Association Annual Meeting in 2019.
Kato, Junko and Kentaro Yamamoto. 2009. "Competition for Power: Party Switching and Party System Change in Japan." Heller, W. and C. Mershon (eds). *Political Parties and Legislative Party Switching.* New York: Palgrave Macmillan, pp.233-263.
Kohno, Masaru. 1997a. "Electoral Origins of Japanese Socialists' Stagnation." *Comparative Political Studies*, Vol.30, Issue 1, pp.55-77
Kohno, Masaru. 1997b. *Japan's Postwar Party Politics*. Princeton: Princeton University Press.

書

山口二郎・中北浩爾編（2014）『民主党政権とは何だったのか：キーパーソンたちの証言』岩波書店

山田真裕（2017）『二大政党制の崩壊と政権担当能力評価』木鐸社

山本健太郎（2009）「小沢一郎と政界再編：『政策』と『政局』のはざまで」御厨貴編『変貌する日本政治：90年代以後「変革の時代」を読みとく』勁草書房、43-73ページ

山本健太郎（2010）『政党間移動と政党システム：日本における「政界再編」の研究』木鐸社

山本健太郎（2015）「政界再編期における新党のタイポロジー」北海学園大学法学部50周年記念論文集『次世代への挑戦：法学部半世紀の伝統を糧に』465-491ページ

山本健太郎（2021）「何が政党システム変容をもたらすのか：1990年代以降の日本を題材に」『年報政治学』2021-Ⅰ巻、15-39ページ

読売新聞政治部（2008）『真空国会：福田「漂流政権」の深層』新潮社

読売新聞政治部（2009）『自民崩壊の300日』新潮社

読売新聞政治部（2010）『民主党　迷走と裏切りの300日』新潮社

読売新聞政治部（2011）『亡国の宰相：官邸機能停止の180日』新潮社

読売新聞政治部（2012）『民主瓦解：政界大混迷への300日』新潮社

Cox, Gary W. and Frances M. Rosenbluth. 1995. “Anatomy of a Split: The Liberal Democrats of Japan.” *Electoral Studies*, Vol. 14, Issue 4, pp.355-376.

Kato, Junko. 1998. “When the Party Breaks Up: Exit and Voice among Japanese Legislators.” *American Political Science Review*, Vol. 92, Issue 4, pp.857-870.

Kato, Junko, Hiroki Kubo, Tomoko Matsumoto and Kentaro Yamamoto. 2019. “Analyzing Latent Dimensionality in Japanese Party Ideological Competition.” American Political Science

佐々木毅編著（1999）『政治改革1800日の真実』講談社
佐藤令（2019）「戦後の我が国における主要政党の変遷」国立国会図書館『調査と情報』No.1043、https://dl.ndl.go.jp/view/download/digidepo_11243060_po_1043.pdf?contentNo=1
清水真人（2018）『平成デモクラシー史』ちくま新書
菅原琢（2009）『世論の曲解：なぜ自民党は大敗したのか』光文社新書
竹中治堅（2006）『首相支配：日本政治の変貌』中公新書
竹中治堅編（2017）『二つの政権交代：政策は変わったのか』勁草書房
建林正彦（2004）『議員行動の政治経済学：自民党支配の制度分析』有斐閣
谷口将紀（2020）『現代日本の代表制民主政治：有権者と政治家』東京大学出版会
田原総一朗（2010）『今だから言える日本政治の「タブー」』扶桑社
中北浩爾（2019）『自公政権とは何か：「連立」にみる強さの正体』ちくま新書
日本再建イニシアティブ（2013）『民主党政権　失敗の検証：日本政治は何を活かすか』中公新書
平野貞夫（1996）『小沢一郎との二十年：「政界再編」舞台裏』プレジデント社
平野貞夫（2008）『平成政治20年史』幻冬舎新書
樋渡展洋・斉藤淳編（2011）『政党政治の混迷と政権交代』東京大学出版会
前田幸男・堤英敬編著（2015）『統治の条件：民主党に見る政権運営と党内統治』千倉書房
待鳥聡史（2015）『シリーズ日本の政治6　政党システムと政党組織』東京大学出版会
待鳥聡史（2020）『政治改革再考：変貌を遂げた国家の軌跡』新潮選書
御厨貴・牧原出編（2011）『聞き書　武村正義回顧録』岩波書店
森裕城（2001）『日本社会党の研究：路線転換の政治過程』木鐸社
薬師寺克行（2016）『公明党：創価学会と50年の軌跡』中公新

参考文献

『朝日新聞』関連記事
『日本経済新聞』関連記事
『読売新聞』関連記事
朝日新聞政治部（1993）『政界再編』朝日新聞社
朝日新聞政治部（1994）『連立政権回り舞台』朝日新聞社
五百旗頭真・伊藤元重・薬師寺克行編（2006）『90年代の証言　小沢一郎　政権奪取論』朝日新聞社
五百旗頭真・伊藤元重・薬師寺克行編（2008a）『90年代の証言　野中広務　権力の興亡』朝日新聞社
五百旗頭真・伊藤元重・薬師寺克行編（2008b）『90年代の証言　菅直人　市民運動から政治闘争へ』朝日新聞出版
石川真澄・山口二郎（2021）『戦後政治史　第四版』岩波新書
伊藤光利（1996）「自民党下野の政治過程：多元的イモビリズムにおける合理的選択」『年報政治学』47巻、109-128ページ
岩崎正洋（2020）『政党システム』日本経済評論社
上神貴佳・堤英敬編著（2011）『民主党の組織と政策：結党から政権交代まで』東洋経済新報社
内田健三・早野透・曽根泰教（1994）『大政変：同時進行分析　細川・羽田「リレー政権」の航跡』東洋経済新報社
江田憲司（2014）『政界再編』角川oneテーマ21
大嶽秀夫編（1997）『政界再編の研究：新選挙制度による総選挙』有斐閣
小沢一郎（1993）『日本改造計画』講談社
小沢一郎（1996）『語る』文藝春秋
小沢一郎（2006）『小沢主義：志を持て、日本人』集英社インターナショナル
小沢一郎（2020）『小沢一郎　闘いの50年：半世紀の日本政治を語る』岩手日報社
河野勝（1995）「九三年の政治変動：もう一つの解釈」『レヴァイアサン』17号、30-51ページ
小宮京（2010）『自由民主党の誕生：総裁公選と組織政党論』木鐸社

図表作成◎ヤマダデザイン室

山本健太郎（やまもと・けんたろう）

1978年，神戸市生まれ．2009年，東京大学大学院総合文化研究科国際社会科学専攻博士課程修了．博士（学術）．東京大学先端科学技術研究センター特任研究員，日本学術振興会特別研究員（PD），北海学園大学法学部講師，同准教授を経て同教授．

著書『政党間移動と政党システム：日本における「政界再編」の研究』（木鐸社，2010年）

政《せい》界《かい》再《さい》編《へん》

中公新書 *2651*

2021年7月25日発行

著　者　山本健太郎
発行者　松田陽三

本文印刷　暁印刷
カバー印刷　大熊整美堂
製　本　小泉製本

発行所　中央公論新社
〒100-8152
東京都千代田区大手町1-7-1
電話　販売 03-5299-1730
　　　編集 03-5299-1830
URL http://www.chuko.co.jp/

Published by CHUOKORON-SHINSHA, INC.
Printed in Japan　ISBN978-4-12-102651-4 C1231

中公新書

政治・法律

125 法と社会 碧海純一
819 アメリカン・ロイヤーの誕生 阿川尚之
2347 代議制民主主義 待鳥聡史
2469 議院内閣制—変貌する英国モデル 高安健将
2631 現代民主主義 山本　圭
1905 日本の統治構造 飯尾　潤
2537 日本の地方政府 曽我謙悟
2558 日本の地方議会 辻　陽
1687 日本の選挙 加藤秀治郎
1708 日本型ポピュリズム 大嶽秀夫
2283 日本政治とメディア 逢坂　巌
1845 首相支配—日本政治の変貌 竹中治堅
2428 自民党—「一強」の実像 中北浩爾
2233 民主党政権 失敗の検証 日本再建イニシアティブ
2101 国会議員の仕事 林　芳正 津村啓介
2191 大阪—大都市は国家を超えるか 砂原庸介
2418 沖縄問題—リアリズムの視点から 高良倉吉編著
2439 入門 公共政策学 秋吉貴雄
2620 コロナ危機の政治 竹中治堅
2651 政界再編 山本健太郎